Grundschule

Roswitha Wurm

Der Zahlenraum

Sicher bewegen im Zahlenraum

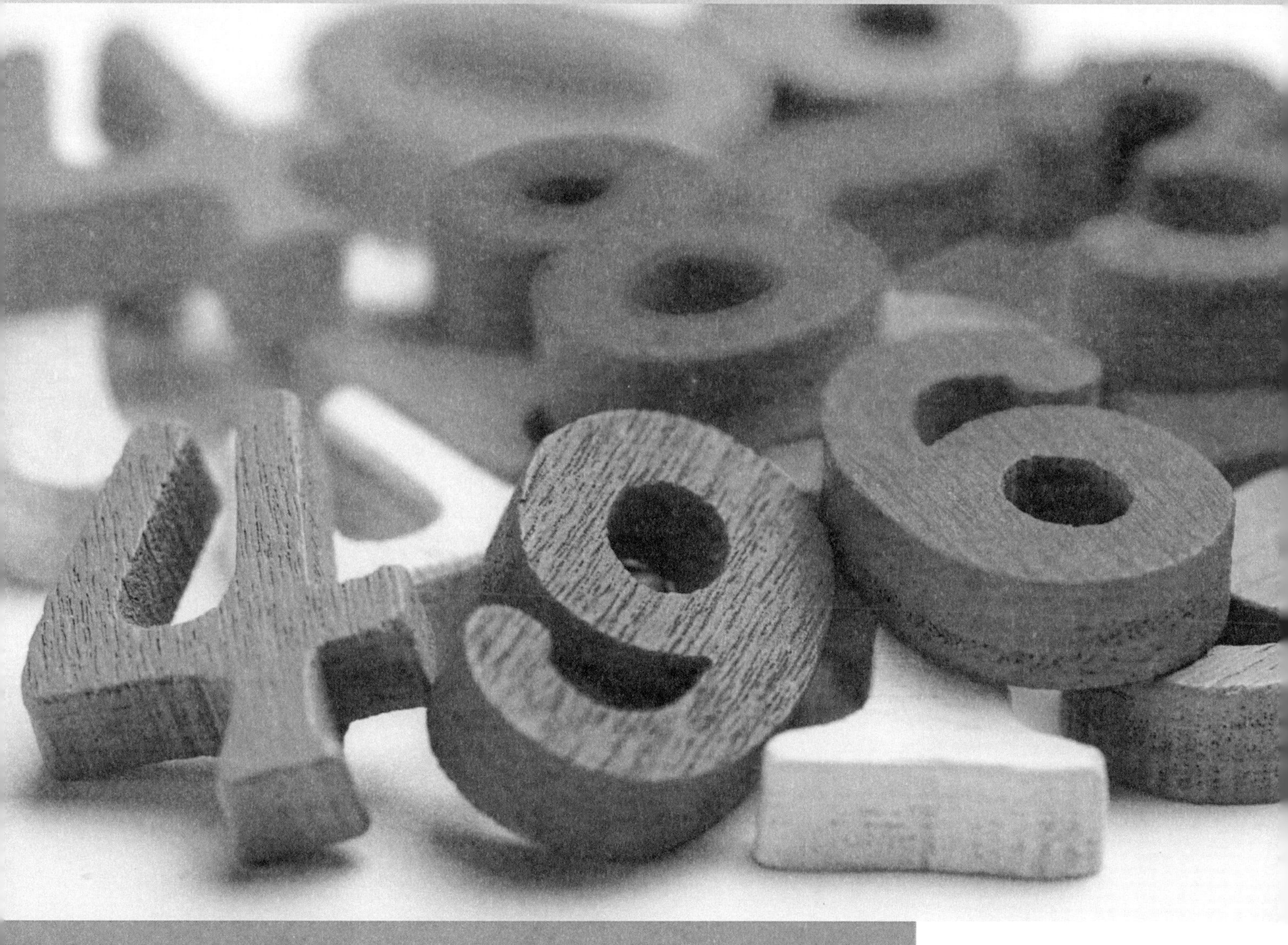

Abwechslungsreiche Übungen mit dem Zahlenstrahl

www.kohlverlag.de

Der Zahlenraum

Sicher bewegen im Zahlenraum

1. Auflage 2024

Inhalt: Roswitha Wurm
Umschlagbild: amazing studio - AdobeStock.com
Redaktion: Kohl-Verlag
Grafik & Satz: Simone Demler / Kohl-Verlag
Druck: farbo prepress GmbH, Köln

Bestell-Nr. 12 865

ISBN: 978-3-98558-273-0

Bildquellen von © adobestock.com

S. 9: © Thomas, volff, Alexandr Vlassyuk, Guido Amrein; S. 11: © strichfiguren, Schmetterling, Szasz-Fabian Jozsef; 12: © yanadjan, Style-o-Mat-Design; S. 13: © Christine Wulf, strichfiguren; S. 15: © Christine Wulf, Fotolyse; S. 16: © strichfiguren; S. 17: © SaraY Studio, strichfiguren; S. 19: © Akash, Elizabeth; S. 20: © BNP Design Studio; S. 21: © Simone Capozzi; S. 23: © unpict, ACCORIN, chones, Szasz-Fabian Jozsef; S. 25: © Andreas Meyer; S. 26: © SimpLine; S. 28: © Nova Graphics; S. 30: © Colorfuel Studio; S. 32: © KidLand; S. 33: © fotohansel; S. 38-39: © Tasha; S. 42: © Annett Seidler, strichfiguren; S. 43: © Rudie; S. 45: © strichfiguren; S. 46: © strichfiguren.eps

Weitere Bildquellen: © clipart.com

Inhalt

KOHL VERLAG DER ZAHLENRAUM Sicher bewegen im Zahlenraum – Bestell-Nr. 12 865

Vorwort

Kinder können vom Kleinkindalter spielerisch darin geschult werden, zu zählen: ihre Stofftiere, ihre Puppen, Holzklötze und Legoteilchen. Den meisten Kindern fällt dies auch noch relativ leicht. Schwieriger wird es, wenn es darum geht, Mengen zu erfassen und „mehr“ und „weniger“ zu unterscheiden. Diese Fertigkeiten sind allerdings eine wichtige Basis, um die Grundrechenarten zu erlernen bzw. richtig anwenden zu können.

Daher sind die ersten Seiten dieses Heftes der Zahlenerfassung gewidmet. Anschließend beschäftigen wir uns zunächst mit der Addition, also dem Plusrechnen. Was passiert, wenn ich zu einer Zahl eine andere Zahl dazugebe. Und dann als Schwierigkeitsstufe: Wie verändert sich die Zahl bei der Zehnerüberschreitung?

In weiterer Folge versuchen wir dieselben Strategien beim Subtrahieren, der Minusrechnung und anschließend bei der Multiplikation und bei der Division anzuwenden.

Zu den schriftlichen Übungen gibt es immer wieder Tipps, wie man das Ganze auch mit verschiedenen Wahrnehmungsübungen verinnerlichen kann. Diese Tipps sind mit einer Glühbirne gekennzeichnet.

Um den kompetenzorientierten Aufgabenstellungen im Unterricht gerecht zu werden, sind viele Aufgaben als Rechengeschichte bzw. Sachaufgabe formuliert.

Rechnen mit dem Zahlenstrahl

Viele Grundschulkinder haben Schwierigkeiten bei der Über- und Unterschreitung des 10ers, da hier der Einsatz des Zehnfingersystems nicht mehr greift. Daher stellt der Zahlenstrahl eine wirkungsvolle Methode dar, um dies effektiv zu üben.

Im vorliegenden Band wird zunächst anhand von Übungen mit Symbolen und anschließend mit Zahlen (20er bis 1000er-Raum) eben dieser Bereich abwechslungsreich trainiert. Ergänzend wird anhand von Rechengeschichten geübt, wie das Kind sich selbst mit einem Zahlenstrahl für die Lösung der Aufgaben helfen kann. So kommt auch die kompetenzorientierte Anwendung nicht zu kurz.

Im Anhang befindet sich eine Kopiervorlage für einen Zahlenstrahlmeter. Diesen kann man zum Rechnen in Verbindung mit bunten Büroklammern verwenden.

Andere Materialien zum Ausschneiden, Folieren und mehrfacher Verwendung befinden sich ebenfalls im Anhang.

Gut geeignet ist auch ein Schneidermaßband oder ein Metermaß, um die Zahlenreihe von 1 bis 100 zu demonstrieren.

Grundsätzlich sollte für Kinder mit einer Rechenschwäche jedes Hilfsmittel, das ein besseres Verständnis und eine leichtere Anwendung ermöglicht, erlaubt sein!

Viel Freude und vor allem Erfolg beim Üben wünschen der Kohl-Verlag und

Roswitha Wurm

 Zähle von 20 auf 1 hinunter.

Leichter gelingt dies, wenn du dabei rückwärts (falls nicht so viel Platz ist: im Kreis) läufst und dabei bei jeder Zahl einen Schritt machst.
Nach und nach kannst du diese Übung bis zum 100er steigern.

Rechnen unter dem Zehner

<u>Aufgabe</u>: *Wie viele Schulsachen haben Lisa und Luka? Zähle sie und schreibe die Zahl in das Kästchen. Mache es so:*

Lisa		So viele haben sie gemeinsam		Luka	
Stifte	5		9		4
Schulhefte					
Lineale					
Bücher					
Scheren					

KOHL VERLAG DER ZAHLENRAUM Sicher bewegen im Zahlenraum – Bestell-Nr. 12 865

1 2 3 4 5 6 7 8 9 0

Rechnen Zehnerüberschreitung

Aufgabe: *Wie viele Schulsachen haben Lisa und Luka? Zähle sie und schreibe die Zahl in das Kästchen. Mache es so:*

Lisa		So viele haben sie gemeinsam		Luka	
Stifte 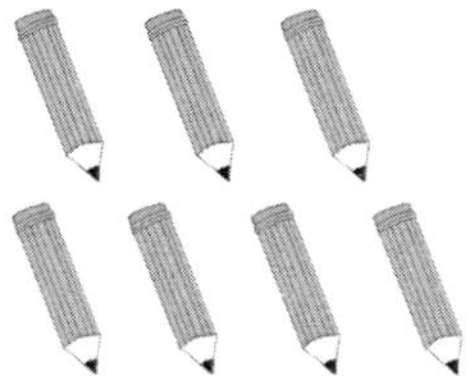	7	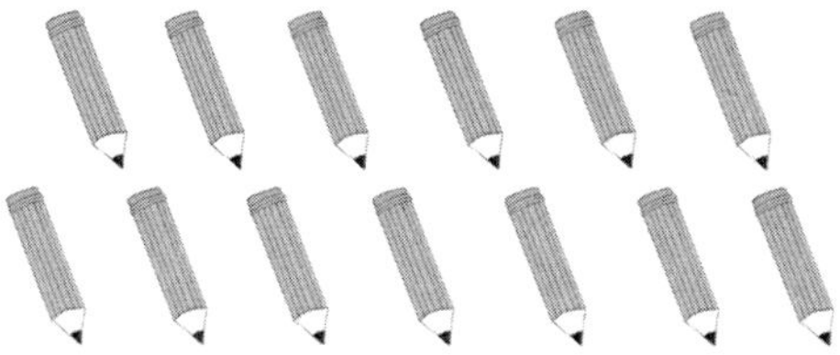	13	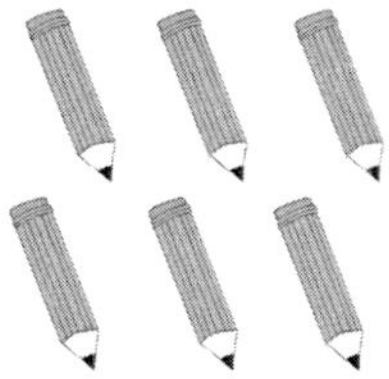	6
Schulhefte 					
Lineale 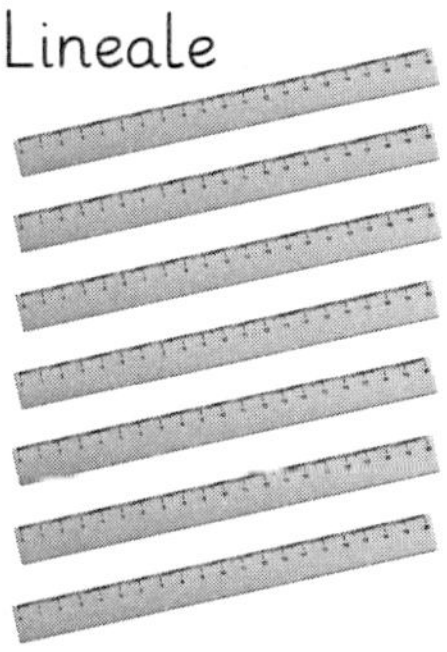					
Bücher 					
Scheren 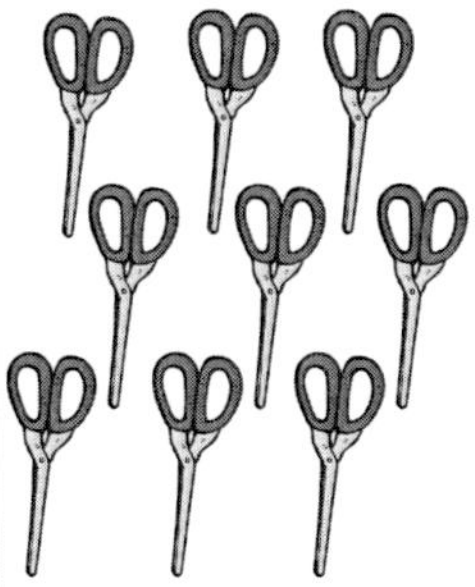				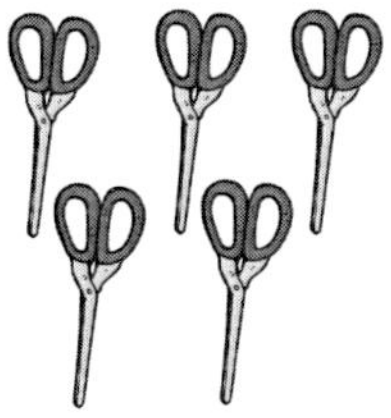	

DER ZAHLENRAUM

Zahlenraum 0 – 10: Einführung des Zahlenstrahls 1

Du kannst die Dinge, die du zählen möchtest, auch auf einer Geraden aufzeichnen: der so genannten Zahlengeraden oder auch Zahlenstrahl genannt.

Hier findest du zunächst Zahlengeraden, die bei 0 beginnen und bis 10 bzw. 20 verlaufen. Jeder Zwischenstrich steht für eine Zahl.

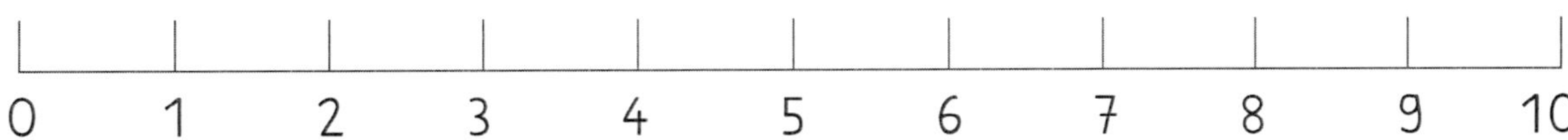

Aufgabe 1: *Welche Zahl steht für den rot markierten Strich?*

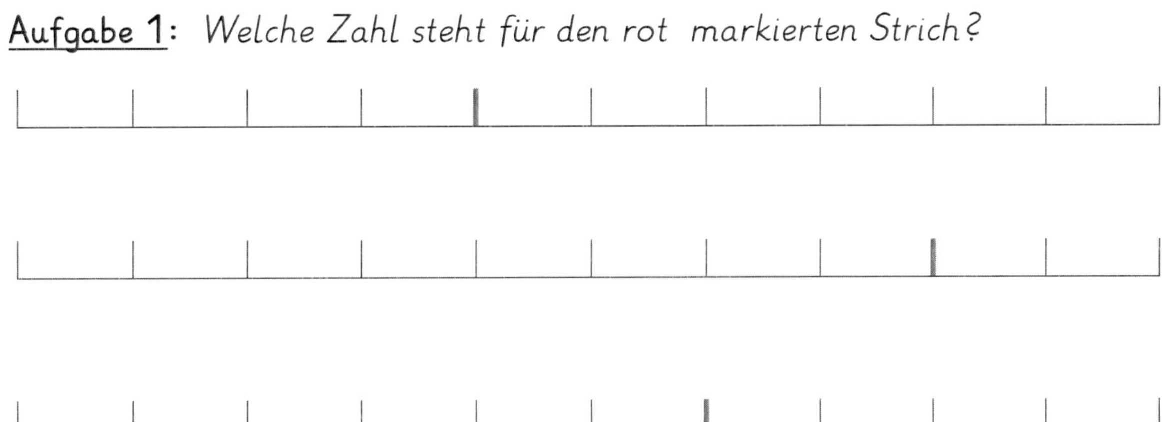

Aufgabe 2: *Zeichne folgende Zahlen auf dem Zahlenstrahl ein.*

Wo steht die 7?

Wo steht die 5?

Wo steht die 3?

KOHL VERLAG DER ZAHLENRAUM Sicher bewegen im Zahlenraum – Bestell-Nr. 12 865

Zahlenraum 0 – 20: Einführung des Zahlenstrahls 2

Aufgabe 1: *Hier siehst du einen Zahlenstrahl zwischen 0 bis 20. Markiere zuerst mit einem farbigen Stift den 10er und lies dann den Zahlenwert ab, für den die rote Markierung steht.*

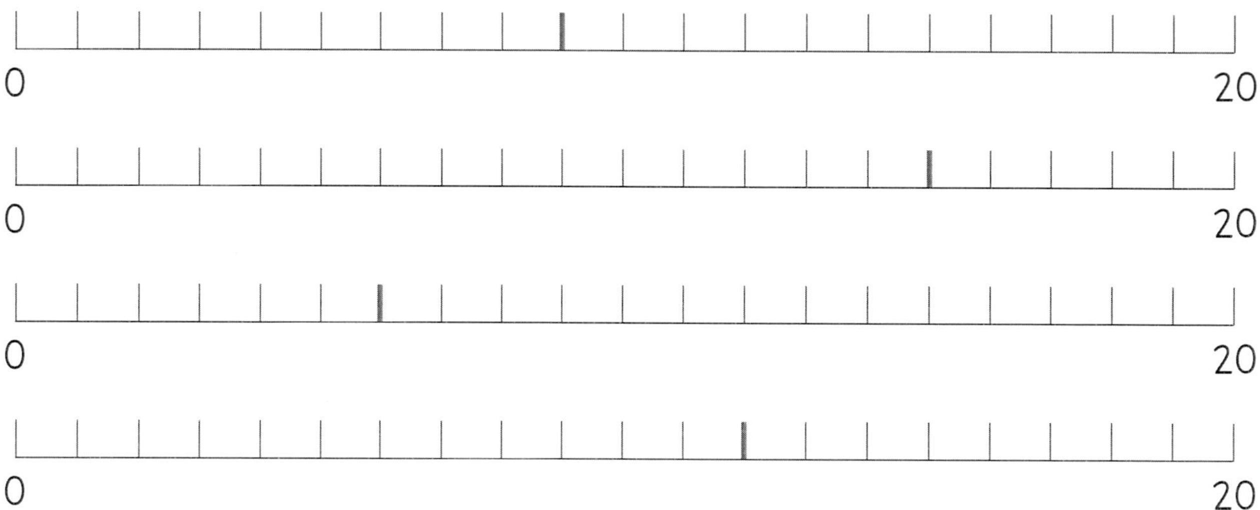

Aufgabe 2: *Wo stehen folgende Zahlen am Zahlenstrahl? Zeichne richtig ein.*

a) Wo steht die 17?

0 20

b) Wo steht die 13?

0 20

c) Wo steht die 9?

0 20

d) Wo steht die 11?

0 20

DER ZAHLENRAUM

1 2 3 4 5 6 7 8 9 0

Zahlenraum 0 – 20: Sachaufgaben mit Hilfe des Zahlenstrahls

Aufgabe: *Lisa und Mark haben sechzehn Äpfel gepflückt.*

a) Zeichne die Anzahl der Äpfel als Zahl an den untenstehenden Zahlenstrahl.

0 20

b) Anna und Anton essen neunzehn Brombeeren. Zeichne ein.

0 20

c) Lisa und Luka laden zu ihrem Sommerfest dreizehn Kinder ein.

0 20

d) Marie und Sophie spielen mit ihren Murmeln. Beide haben zusammen siebzehn Murmeln.

0 20

e) Wie viele Stofftiere hat Nadja?

0 20

f) Wie alt ist Simon?

0 20

g) Wie viele Äpfel liegen in der Kiste?

0 20

KOHL VERLAG DER ZAHLENRAUM Sicher bewegen im Zahlenraum – Bestell-Nr. 12 865

1 2 3 4 5 6 7 8 9 0

Zahlenraum 0 – 20: Den Zahlenstreifen einführen

Beispiel: *Lisa und Luka haben eine Idee. Damit sie sich diese Rechnungen besser vorstellen können, kleben sie einen langen Papierstreifen auf den Fußboden. Schneide die Teile für den Papierstreifen im Anhang des Heftes aus und klebe zunächst die Teile von 1 bis 10 und von 11 bis 20 zusammen. Lege diesen Streifen vor dich hin. So kannst du die Gegenstände bis zum 10er auffüllen und dann darauf achten, wie viele Gegenstände noch ÜBER dem Zehner vorhanden sind.*

Lisa hat 6 Bleistifte, Luka hat 7 Bleistifte

Mache es so:

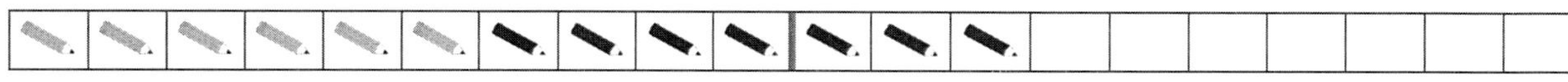

10 + 3 = 13

Aufgabe: *Jetzt bist du an der Reihe. Markiere zunächst mit einem roten Stift den Zehner. Zeichne dann die Symbole von Lisa und dann in einer anderen Farbe die Symbole von Luka ein. Schreibe dann die „10 + ?" Rechnung auf.*

a) Lisa hat 9 Scheren, Luka hat 6 Scheren

b) Lisa hat 8 Hefte, Luka hat 3 Hefte

c) Lisa hat 10 Lineale, Luka hat 9 Lineale

d) Lisa hat 3 Radiergummis, Luka hat 9 Radiergummis

e) Lisa hat 6 Spitzer, Luka hat auch 6 Spitzer

f) In der 1. Klasse sind 8 Mädchen und 9 Jungen

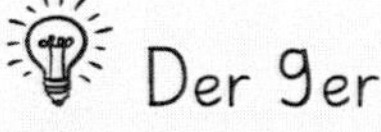

Der 9er Trick:
Wenn du zu einer 9 eine Zahl dazu zählst, erhältst du immer eine Zahl, die an der Einerstelle um 1 weniger ist als die Zahl, die du dazu gezählt hast, z. B. 9 + 3 = 12 oder 9 + 4 = 13. Probiere es selbst aus!

Zahlenraum 0 – 20: Rechnen mit dem Zahlenstreifen 1

Aufgabe: *Lege den Zahlenstreifen „0 bis 20" vor dich auf den Tisch. Nimm eine blaue, eine grüne und eine rote Klammer. Löse nun die folgenden Aufgaben.*

> Sachaufgaben-Trick: In Rechengeschichten oder Sachaufgaben musst du aus einigen Sätzen die wichtigen Informationen herausfiltern. Nicht alles ist notwendig für das Lösen der Aufgabe, auch nicht jede Zahl. Nimm einen roten Farbstift und unterstreiche die Zahlen, die du zum Lösen der Aufgabe benötigst. Dann nimm einen blauen Farbstift und markiere, was für den Rechenvorgang zusätzlich wichtig ist.

Beispiel: *Lukas und Mika lieben Eis. Die beiden Kinder gehen ins Eisgeschäft und dürfen 2 Boxen mit verschiedenen Sorten wählen. Lukas sucht sich 7 verschiedene Sorten aus, Mika wählt 6 Sorten.*

Mache es so:

Unterstreiche die benötigten Zahlen mit einem roten Farbstift. Andere wichtige Informationen blau. Stecke dann am Zahlenstreifen bei der Zahl 7 die blaue Klammer, und zähle dann 6 Markierungen weiter und stecke hier die grüne Klammer. So erhältst du das Ergebnis: 13

0 7 10 13 20

Nun bist du an der Reihe.

Nimm deinen 20er-Streifen und rechne mit Hilfe der Stifte und Klammern.

Aufgabe 1: *Amelie und Fabian basteln den ganzen Nachmittag Schmetterlinge aus buntem Papier. Amelie macht 8 bunte Schmetterlinge, Fabian 7. Wie viele Schmetterlinge basteln beide Kinder zusammen?*

Aufgabe 2: *Frau Huber hat zwei Tomatenpflanzen auf ihrem Balkon. Auf der ersten Pflanze entdeckt sie 5 reife Tomaten, auf der zweiten 6. Wie viele reife Tomaten kann sie pflücken?*

Aufgabe 3: *Aus der Küche duftet es köstlich. Max und Lina backen heute Plätzchen, die sie mit Walnussstückchen und Rosinen verzieren. Max verziert 9 Plätzchen, Lina 7 für Oma. Wie viele verzierte Plätzchen können sie Oma schenken?*

KOHL VERLAG DER ZAHLENRAUM Sicher bewegen im Zahlenraum – Bestell-Nr. 12 865

1 2 3 4 5 6 7 8 9 0

Zahlenraum 0 – 20: Rechnen mit dem Zahlenstreifen 2

Jetzt wird es ein bisschen kniffeliger.

<u>Aufgabe 1</u>: *Frank geht mit seiner Schulklasse, der 2 A, ins Kino. Außer ihm besuchen noch 5 Buben und 9 Mädchen die 2A. Für wie viele Kinder muss Franks Lehrerin den Eintritt bezahlen?*

Tipp: Vergiss nicht, Frank mitzurechnen.

<u>Aufgabe 2</u>: *Die Zwillinge Pauline und Max freuen sich schon sehr auf ihren Geburtstag. Sie dürfen eine Party veranstalten. Pauline möchte acht Kinder, Max möchte sechs Kinder einladen. Wie viele Kuchenstücke muss ihre Mama kaufen, wenn jedes Kind ein Stück Kuchen bekommt.*

Tipp: Rechne zuerst aus wie viele Mädchen und wie viele Jungen an der Party teilnehmen und zähle dann Mädchen und Jungen zusammen.

0 20

<u>Aufgabe 3</u>: *Annika und Paul haben gemeinsam einen kleinen Garten. Annika pflanzt elf Rosenstöcke. Paul setzt sieben Primelgewächse ein. Wie viele Pflanzen haben die beiden gemeinsam eingepflanzt?*

<u>Aufgabe 4</u>: *Anton und Kai gehen zum Angeln. Anton fängt drei Karpfen und zwei Forellen. Kai zieht mit seiner Angel fünf Forellen und vier Karpfen aus dem See. Wie viele Fische fangen beide Jungen zusammen?*

Zahlenraum 0 – 20: Addition anwenden am Zahlenstrahl 1

__Beispiel__: *Du kannst also mit Hilfe des Zahlenstrahls (oder Zahlenstreifen) zusammenzählen (addieren).*

8 + 7 = 15

8 + 7 = 15

__Aufgabe__: *Nimm nun farbige Stifte zur Hand und mache es wie oben angegeben.*

a) 6 + 9 =

b) 3 + 8 =

c) 5 + 7 =

d) 9 + 4 =

e) 6 + 8 =

f) 2 + 9 =

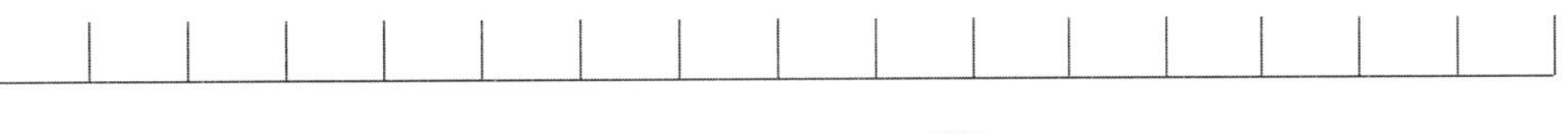

KOHL VERLAG DER ZAHLENRAUM Sicher bewegen im Zahlenraum – Bestell-Nr. 12 865

Zahlenraum 0 – 20: Addition anwenden am Zahlenstrahl 2

Was ist dir bei den Rechnungen auf der vorigen Seite aufgefallen? Ja, richtig: du erhältst immer eine zweistellige Zahl. Die Zehnerstelle ist eine 1. Nur die Einerstelle verändert sich.

Du kannst diese Rechnungen auch so durchführen:

7 + 6 = 13

Stecke die 7 ab (oder zeichne sie ein), zähle wie viele Striche bis zur 10 fehlen. Hier sind es 3. Ziehe nun von der 6 „3" ab: es bleiben „3" -> das Ergebnis ist 13.

Das bedeutet: 7 + 6 kann man auch als 7 + 3 + 3 darstellen.

7 10 13

Aufgabe 1: *Jetzt bist du an der Reihe. Rechne auf dieselbe Art.*

a) 8 + 7 =

b) 9 + 4 =

c) 5 + 7 =

Aufgabe 2: *Amed und Susa kaufen Brötchen. Amed kauft neun Vollkornbrötchen. Susa kauft sieben Brötchen, die mit Sesam bestreut sind. Wie viele Brötchen kaufen die beiden Kinder gemeinsam?*

Aufgabe 3: *Nina und Christopher sammeln Kastanien. Das Mädchen findet acht und der Junge sieben Kastanien. Wie viele Kastanien haben die Kinder gefunden?*

1 2 3 4 5 6 7 8 9 0

Zahlenraum 0 – 20: Addition – Training: Einprägen des Zahlenstrahls

Nicht immer hast du beim Rechnen die Möglichkeit einen Zahlenstrahl aufzuzeichnen, zum Beispiel beim Kopfrechnen. Daher ist es wichtig, dass du dir den Zahlenstrahl einprägst.

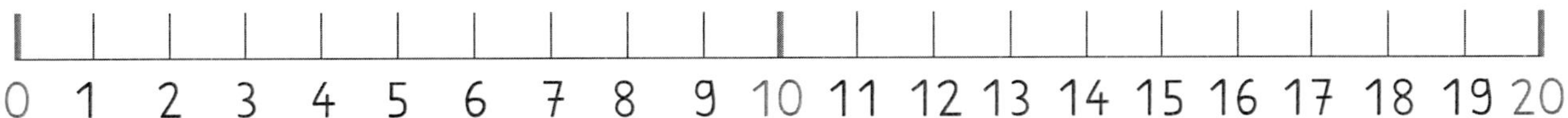

0 1 2 3 4 5 6 7 8 9 10 11 12 13 14 15 16 17 18 19 20

<u>Aufgabe 1</u>: *Schließe nun die Augen und versuche dir den Zahlenstrahl vorzustellen.*

<u>Aufgabe 2</u>: *Rechne nun, ohne den Zahlenstrahl aufzuzeichnen.*

12 + 3 =	9 + 3 =
13 + 5 =	8 + 7 =
15 + 3 =	12 + 4 =
6 + 7 =	2 + 9 =
5 + 8 =	7 + 7 =

<u>Aufgabe 3</u>: *Löse nun auch die folgenden Sachaufgaben mit dem „gedachten" Zahlenstrahl.*

a) Valentin und Nora bekommen von ihrer Mama einen 20 € – Schein. Sie kaufen Obst um 9 € und Gemüse um 11 €. Haben die beiden Kinder genügend Geld dabei?

b) Lisa und Lukas bekommen von ihrem Papa 17 €. Sie kaufen Süßigkeiten um 8 € und Obst um 9 €. Haben die beiden genügend Geld dabei?

c) Haman und Nathan bekommen von ihrem Onkel 15 €. Sie möchten Kuchen für 7 € und Brötchen für 6 € kaufen. Haben die Jungen genügend Geld mit?

KOHL VERLAG DER ZAHLENRAUM Sicher bewegen im Zahlenraum – Bestell-Nr. 12 865

Zahlenraum 0 – 20: Subtraktion am Zahlenstrahl 1

Beispiel: *Du kannst mit dem Zahlenstrahl auch „Minus" rechnen. Nimm wieder deinen Zwanzigerstreifen zur Hand und lege ihn auf. Stecke eine grüne Klammer auf 16, zähle dann von 16 acht Felder zurück und stecke die rote Klammer an die richtige Stelle. So erhältst du das richtige Ergebnis (blau).*

16 – 8 = 8

0 8 10 16 20

Aufgabe: *Zeichne die Zahlen ein und rechne.*

a) 14 – 7 =

b) 13 – 5 =

c) 17 – 9 =

d) 11 – 5 =

e) 13 – 8 =

f) 18 – 9 =

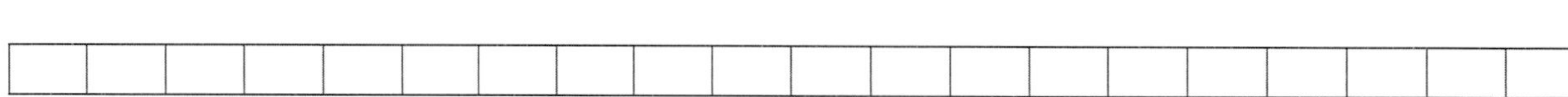

Zahlenraum 0 – 20: Subtraktion am Zahlenstrahl 2

"Knick-Tipp": Nimm den Zahlenstreifen und stecke ihn bei der größeren Zahl ab. Zähle nun die kleinere Zahl zurück und knicke den Streifen an dieser Stelle. So erhältst du die Lösung.

"Perlen-Tipp": Bastle eine Perlenkette mit 20 Perlen. Fädle zunächst 10 rote und dann 10 blaue Perlen auf und verknote die Kette. Nun zähle zunächst die größere Zahl ab und zähle dann um die kleinere zurück. So erhältst du die Lösung.

<u>Aufgabe 1</u>: *Anna fädelt siebzehn Perlen auf eine Schnur. Leider fällt die Schnur auf den Boden und sie verliert acht Perlen. Wie viele Perlen sind noch auf der Schnur? Streiche acht Perlen durch. Wie viele bleiben übrig? Schreibe die Rechnung auf.*

<u>Aufgabe 2</u>: *Der Junge stapelt dreizehn Bauklötze übereinander. Plötzlich fällt der Turm um. Es bleiben vier Steine übereinander stehen. Wie viele Steine sind heruntergefallen? Streiche ab und schreibe die Rechnung auf.*

<u>Aufgabe 3</u>: *Ein Zug hat 14 Waggons. In einem Bahnhof werden 5 Waggons abgehängt. Wie viele Waggons bleiben an der Lokomotive? Zeichne und rechne.*

KOHL VERLAG DER ZAHLENRAUM Sicher bewegen im Zahlenraum – Bestell-Nr. 12 865

Zahlenraum 0 – 20: Subtraktion am Zahlenstrahl 3

<u>Aufgabe 1</u>: *Verbinde die Ergebnisse der Rechnungen mit der richtigen Stelle am Zahlenstrahl.*

a) Beispiel

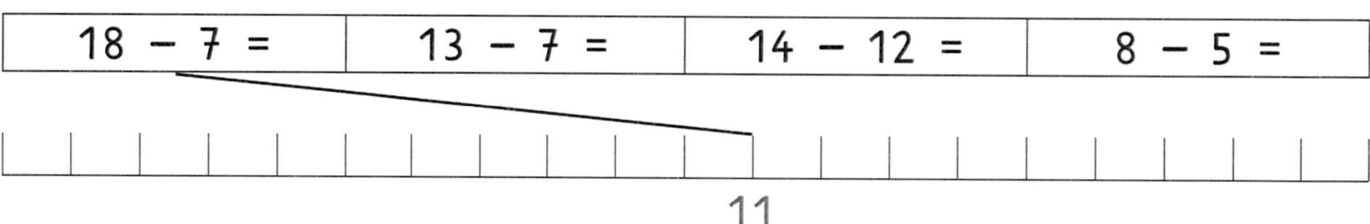

18 – 7 =	13 – 7 =	14 – 12 =	8 – 5 =

b)

12 – 8 =	11 – 9 =	18 – 11 =	12 – 6 =

c)

7 – 2 =	14 – 9 =	16 – 7 =	17 – 9 =

d)

16 – 5 =	19 – 3 =	20 – 16 =	17 – 4 =

e)

12 – 8 =	19 – 6 =	13 – 5 =	11 – 10 =

f)

20 – 12 =	18 – 7 =	14 – 8 =	12 – 3 =

Zahlenraum 0 – 20: Gemischte Aufgaben – Addition und Subtraktion

Aufgabe 1: Aufgepasst – Hier sind die Aufgaben vermischt. Rechne sie aus. Achte genau darauf, ob du dazuzählen oder wegzählen musst.

0 1 2 3 4 5 6 7 8 9 10 11 12 13 14 15 16 17 18 19 20

13 – 7 =	12 – 6 =	8 + 12 =	6 – 5 =
14 – 8 =	6 + 7 =	5 + 9 =	12 – 9 =
13 + 7 =	6 + 8 =	11 – 7 =	4 + 9 =
20 – 8 =	2 + 13 =	15 – 4 =	16 + 4 =
19 – 9 =	8 + 9 =	13 + 6 =	17 – 11 =
18 – 8 =	11 + 8 =	14 – 9 =	1 + 17 =

Aufgabe 2: Gabor und Selina bekommen von ihrer Tante 17 Bonbons geschenkt. Jeder behält für sich 4 Bonbons. Wie viele können sie verschenken?

Aufgabe 3: Melissa und Christopher haben Geburtstag. Die Zwillinge bekommen eine große Torte, die ihre Mama in 16 gleich große Stücke teilt. Melissa isst 2 Stück und Christopher 3 Stück. Wie viele Tortenstücke bleiben übrig?

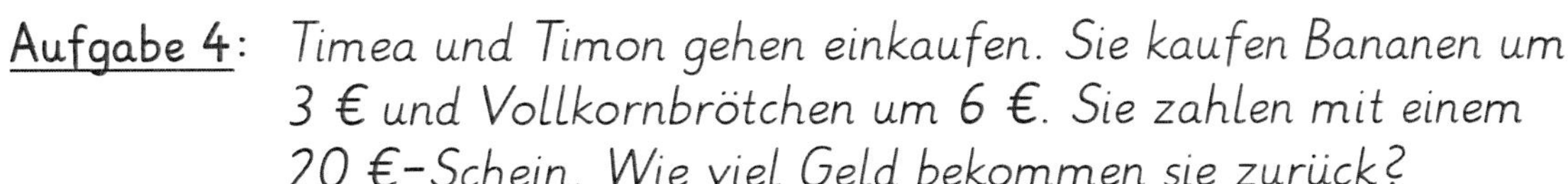

Aufgabe 4: Timea und Timon gehen einkaufen. Sie kaufen Bananen um 3 € und Vollkornbrötchen um 6 €. Sie zahlen mit einem 20 €-Schein. Wie viel Geld bekommen sie zurück?

KOHL VERLAG
DER ZAHLENRAUM
Sicher bewegen im Zahlenraum – Bestell-Nr. 12 865

Zahlenraum 0 – 20:
Zahlennachbarn finden mit Hilfe des Zahlenstrahls 1

Tipp: Mit einem Zahlenstrahl kannst du einfach den Vorgänger und den Nachfolger bestimmen, also die Nachbarn einer Zahl. Übrigens: Ein Lineal ist auch ein Zahlenstrahl.

Beispiel: *Was sind die Nachbarzahlen von 13? Es sind die Zahlen 12 und 14*

0 1 2 3 4 5 6 7 8 9 10 11 12 13 14 15 16 17 18 19 20

Aufgabe 1: *Was sind die Nachbarzahlen von …?*

a) 9
b) 18
c) 16
d) 15

Aufgabe 2: Welche Zahl ist um 6 größer als 8?

Aufgabe 3: Welche Zahl ist um 9 kleiner als 13?

Aufgabe 4: Welche Zahl ist um 2 kleiner als 11?

Aufgabe 5: Welche Zahl ist um 3 größer als 17?

Aufgabe 6: Welche Zahl ist um 14 kleiner als 18?

Aufgabe 7: Welche Zahl ist um 13 größer als 6?

Zahlenraum 0 – 20:
Zahlenachbarn finden mit Hilfe des Zahlenstrahls 2

<u>Aufgabe 1</u>: *Lege den 20er-Zahlenstreifen vor dich auf den Tisch und präge dir die Zahlenreihe ein. Drehe ihn nun um und versuche die folgenden Aufgaben aus dem Gedächtnis zu lösen.*

a) Ergänze die Vorgänger und Nachfolger.

17		
	14	
		11
	19	
7		
	10	
12		
		20
	15	
11		

b) Fülle die Lücken mit den richtigen Zahlen.

11			14				18
		5			8		
2							9
	4			7			
9			12			15	

c) Schreibe nun die Zahlen in 2er-Schritten.

6							
		8					
				13			
							17
			9				

Zahlenraum 0 – 20: Multiplikation mit dem Zahlenstrahl 1

Beispiel: *Deinen 20er-Zahlenstreifen kannst du auch für Mal-Rechnungen verwenden.*

2 • 3 = 6

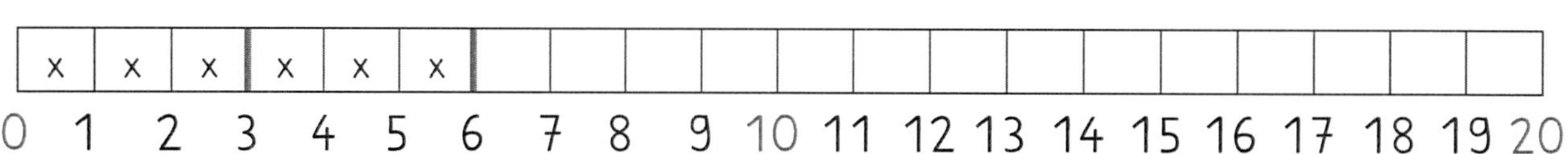

Aufgabe 1: *Jetzt bist du an der Reihe. Zeichne die Aufgabe wie oben ein und rechne sie aus.*

a) 4 • 2 =

b) 8 • 2 =

c) 2 • 2 =

d) 6 • 2 =

e) 9 • 2 =

f) 7 • 2 =

g) 1 • 2 =

h) 5 • 2 =

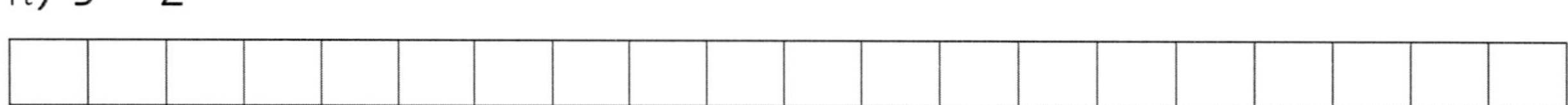

1 2 3 4 5 6 7 8 9 0

Zahlenraum 0 – 20: Multiplikation mit dem Zahlenstrahl 2

<u>Aufgabe 1</u>: *Löse die Sachaufgaben mit Hilfe des Zahlenstrahles.*

0 1 2 3 4 5 6 7 8 9 10 11 12 13 14 15 16 17 18 19 20

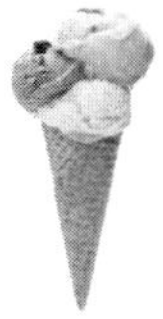

a) Lisa, Anna und Max gehen zum Eisladen. Jedes Kind kauft drei Kugeln Eis. Wie viele Kugeln Eis sind das zusammen?

0 1 2 3 4 5 6 7 8 9 10 11 12 13 14 15 16 17 18 19 20

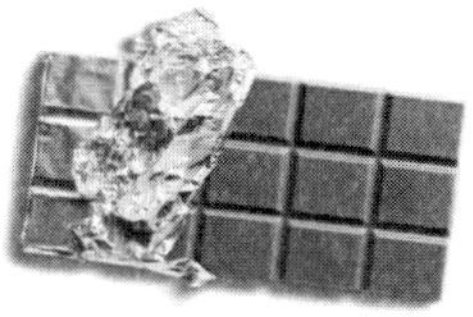

b) Familie Hakan hat fünf Kinder. Jedes Kind bekommt zwei Tafeln Schokolade. Wie viele Tafeln müssen die Eltern kaufen?

0 1 2 3 4 5 6 7 8 9 10 11 12 13 14 15 16 17 18 19 20

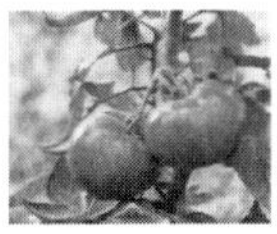

c) Der Gärtner legt ein Beet an. Er setzt immer drei Tomatenpflanzen nebeneinander. Insgesamt setzt er sechs Reihen. Wie viele Pflanzen setzt er?

0 1 2 3 4 5 6 7 8 9 10 11 12 13 14 15 16 17 18 19 20

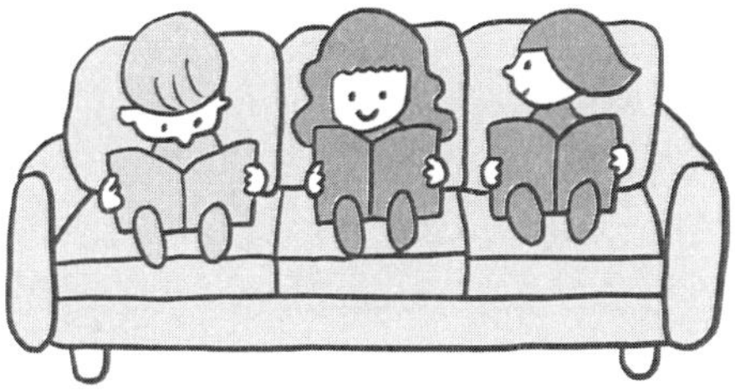

d) Oma schenkt ihren drei Enkelkindern Bilderbücher. Jedem Kind schenkt sie vier Bücher. Wie viele muss sie kaufen?

0 1 2 3 4 5 6 7 8 9 10 11 12 13 14 15 16 17 18 19 20

Zahlenraum 0 – 20: Division mit dem Zahlenstrahl 1

<u>Beispiel</u>: *Mit deinem Zahlenstreifen kannst du auch Zahlen teilen. Markiere zunächst die größere Zahl mit einer roten Klammer. Dann markiere mit einem blauen Stift die kleinere Zahl. Überlege nun: Wie oft hat die kleinere Zahl in der größeren Zahl Platz?*

6 : 2 = 3

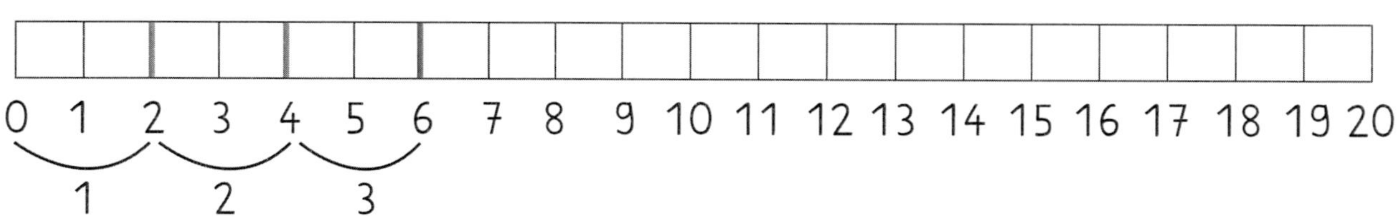

<u>Aufgabe 1</u>: *Jetzt bist du an der Reihe. Zeichne die Aufgabe wie oben ein und rechne sie aus.*

a) 8 : 2 =

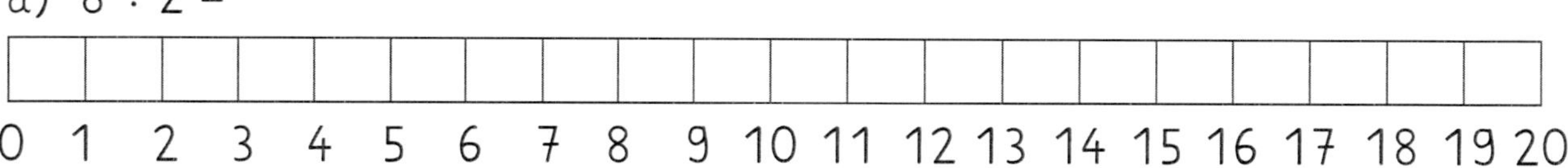

b) 16 : 4 =

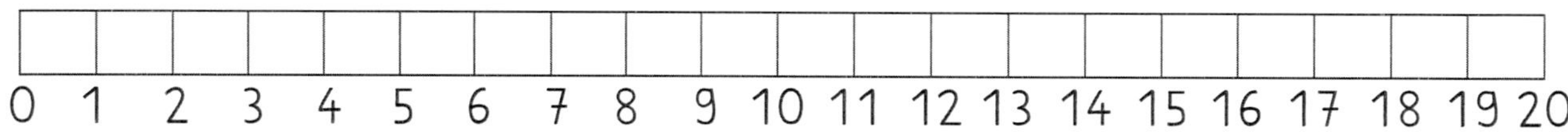

c) 18 : 9 =

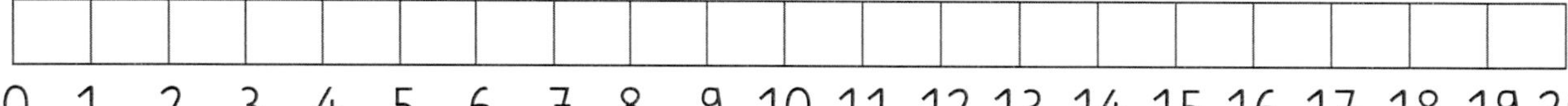

d) 12 : 4 =

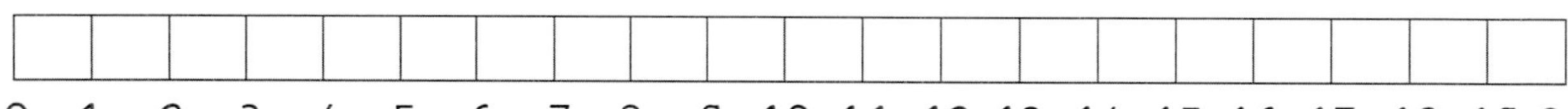

e) 20 : 5 =

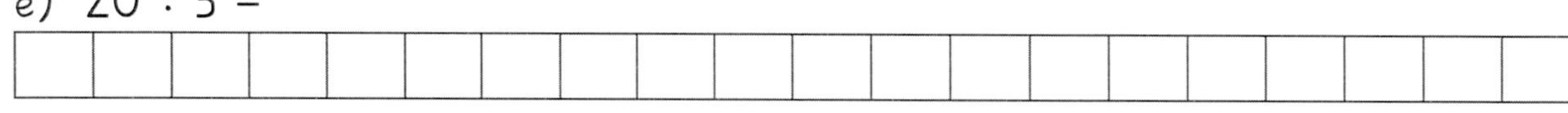

Zahlenraum 0 – 20: Division mit dem Zahlenstrahl 2

<u>Aufgabe 1</u>: *Löse die Sachaufgaben mit Hilfe des Zahlenstrahles.*

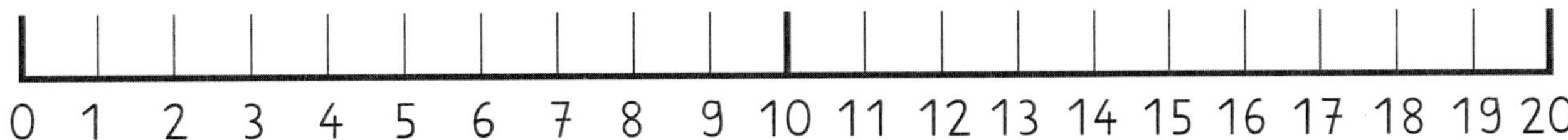

a) Opa bringt seinen vier Enkelkindern sechzehn Äpfel mit. Wie viele Äpfel bekommt jedes Kind, wenn jedes Kind gleich viele Äpfel bekommt?

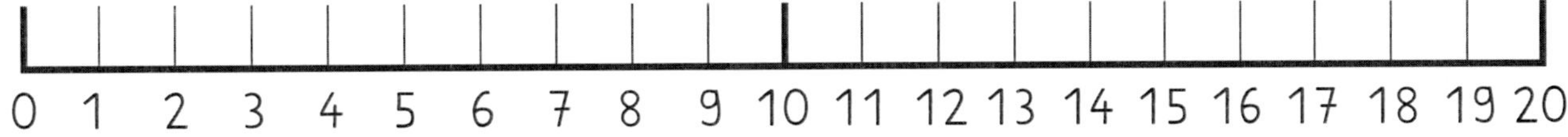

b) Oma kommt auf Besuch. Sie hat 9 Stunden Zeit. Sie spielt mit jedem Enkelkind drei Stunden. Wie viele Enkelkinder hat Oma?

0 1 2 3 4 5 6 7 8 9 10 11 12 13 14 15 16 17 18 19 20

c) Mama schenkt ihren vier Kindern 20 Murmeln. Wie viele Murmeln bekommt jedes Kind?

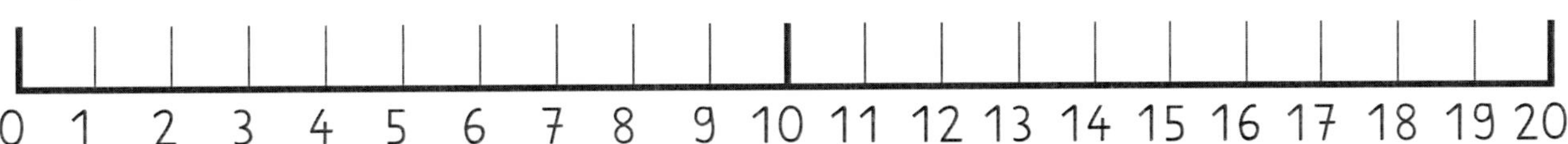

d) Papa pflückt 19 Äpfel vom Baum. Er teilt die Äpfel gerecht auf seine beiden Kinder auf. Wie viele Äpfel bleiben übrig?

KOHL VERLAG DER ZAHLENRAUM Sicher bewegen im Zahlenraum – Bestell-Nr. 12 865

Zahlenraum 0 – 20: Gemischte Aufgaben – Addition, Subtraktion, Multiplikation und Division

<u>Aufgabe 1</u>: *Löse die Sachaufgaben mit Hilfe des Zahlenstrahles.*

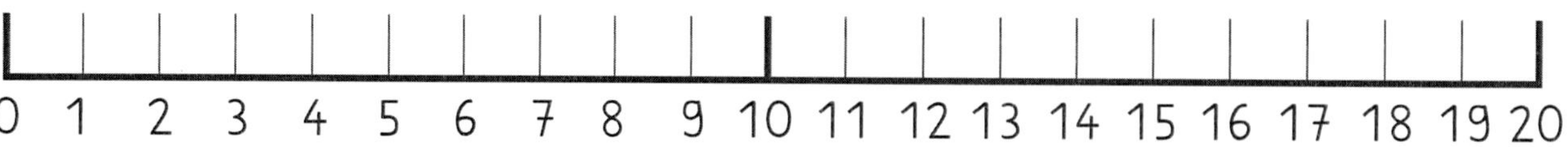

a) In einer Gondel fahren 18 Personen auf den Berg. Auf der Mittelstation steigen 9 Personen aus. Wie viele Personen fahren weiter?

b) Lisa hat 18 Gummibärchen bekommen. Sie isst zwei davon gleich auf. Die restlichen teilt sie Viererpäckchen auf. Wie viele Tage kann sie davon naschen, wenn sie jeden Tag ein Päckchen isst?

c) Maike isst sieben, Nathalie acht und Paul drei Aprikosen. Wie viele Aprikosen haben die Kinder gemeinsam gegessen.

d) Wie viele Reifen haben sieben Fahrräder?

e) Sandra zahlt 3 € für 2 kg Äpfel, 7 € für Käseaufschnitt und 4 € für 2 kg Bananen. Sie zahlt mit einem 20 €-Schein. Wie viel Geld bekommt sie zurück?

Zahlenraum 0 – 50: Rechnen mit dem Zahlenstrahl 1

Mit dem 20er-Zahlenstrahl kannst du jetzt schon gut umgehen. Erweitere nun deinen Zahlenstrahl um die Zahlen 21 bis 50. Der untere Zahlenstrahl ist von 21 bis 50 erweitert.

Du kannst diesen Zahlenstreifen bzw. den Zahlenstrahl genauso anwenden, wie den Streifen bis 20. Allerdings ist das Zahlenumfeld größer und du schreibst nicht mehr an jeden Strich eine Zahl. Dies würde zu viel Zeit kosten und der Zahlenstrahl würde zu unübersichtlich.

<u>Aufgabe 1</u>: *Notiere in 5er-Schritten die Zahlen 10, 15, 20, 25, 30, 35.*

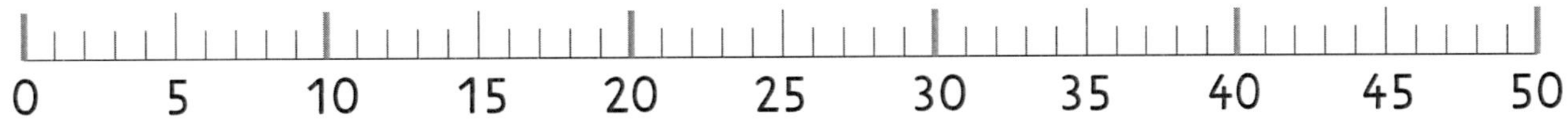

<u>Aufgabe 2</u>: *Markiere am Zahlenstreifen die folgenden Zahlen.*

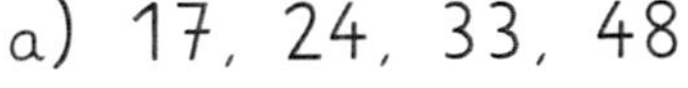

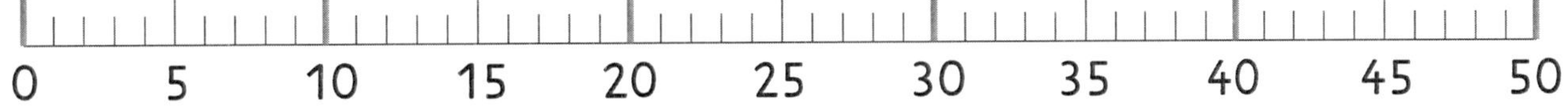

b) 7, 23, 31, 44

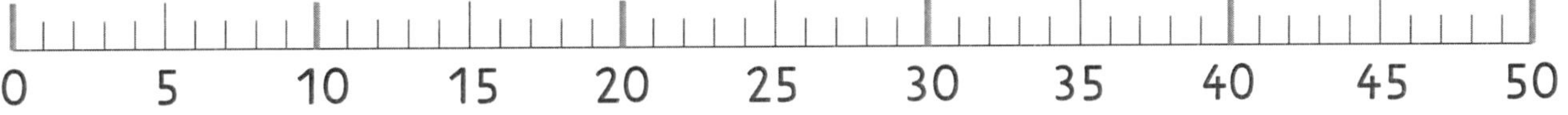

c) 12, 7, 19, 36

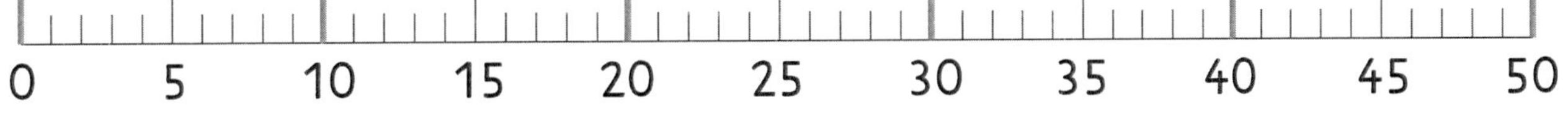

d) 45, 27, 16, 9

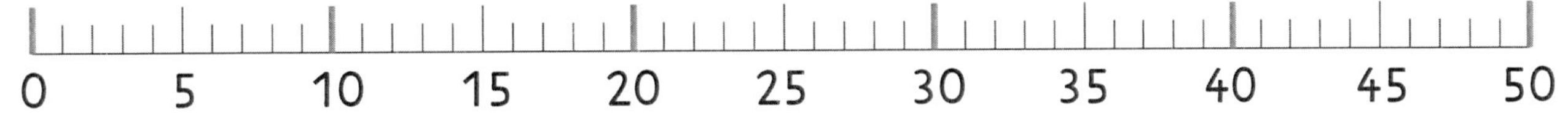

<u>Aufgabe 3</u>: *Welche Zahlen sind an den Zahlenstreifen rot markiert? Schreibe die richtige Zahl darüber.*

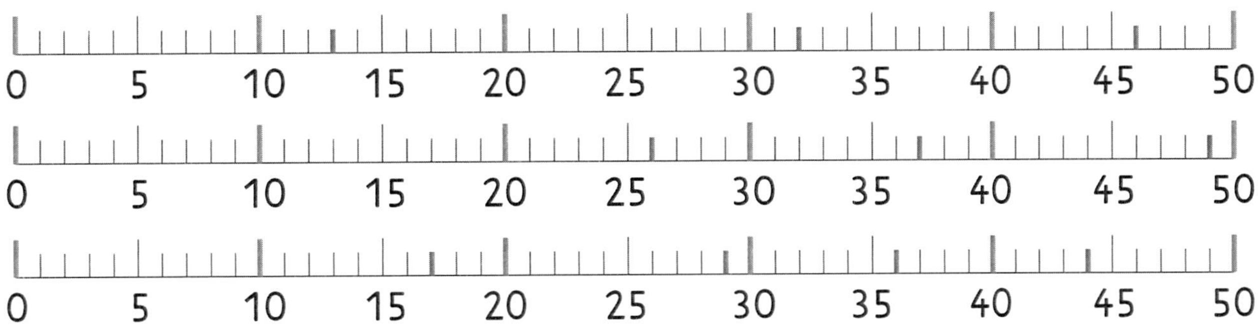

KOHL VERLAG DER ZAHLENRAUM Sicher bewegen im Zahlenraum – Bestell-Nr. 12 865

Zahlenraum 0 – 50: Rechnen mit dem Zahlenstrahl 2

Aufgabe 1: *Welche Nachbarzahlen haben die markierten Zahlen? Schreibe sie jeweils unter den Zahlenstrahl.*

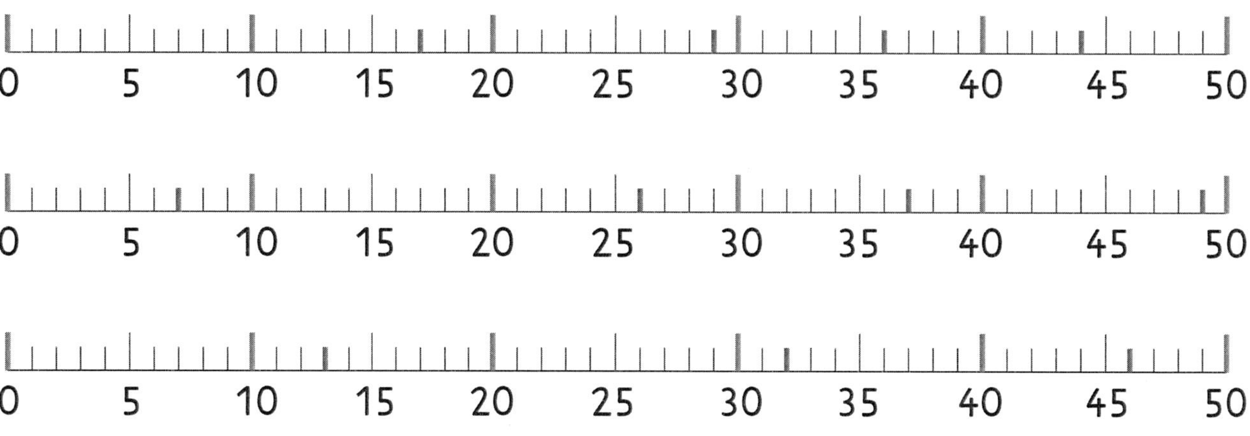

Aufgabe 2: *Du kannst am Zahlenstrahl ablesen bzw. abzählen wie der Vorgänger und wie der Nachfolger der folgenden Zahlen lauten. Zeichne sie ein und trage sie unten in der Tabelle ein.*

0 5 10 15 20 25 30 35 40 45 50

33		
	46	
		50
	17	
9		
		21
	23	
15		

Zahlenraum 0 – 50: Zahlenwerte eintragen

Aufgabe 1: *Präge dir auch den Zahlenstrahl bis 50 gut ein und decke ihn dann mit einem Blatt Papier ab.*

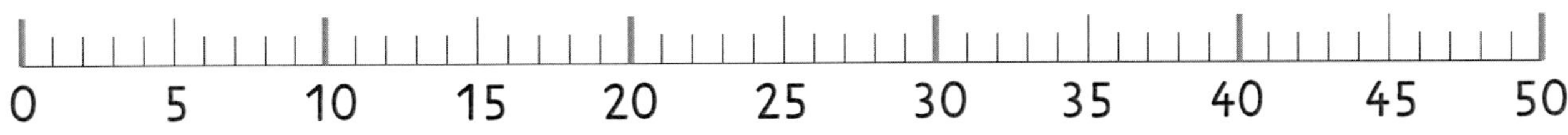

Aufgabe 2: *Markiere nun die Stelle, an die diese Zahlen gehören und schreibe sie darunter.*

a) 17, 24, 45

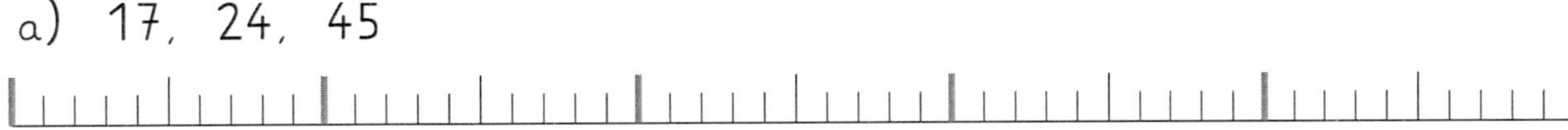

b) 22, 46, 49

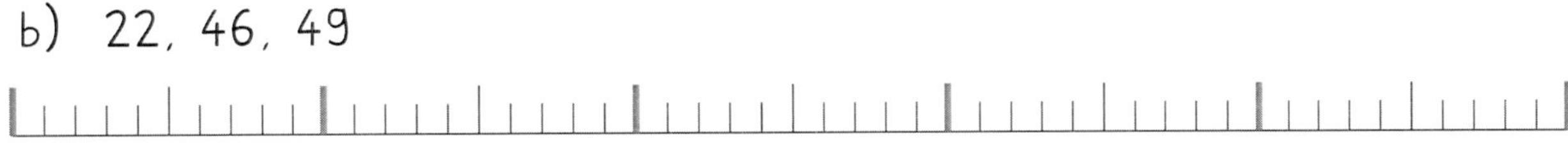

c) 13, 26, 39, 41

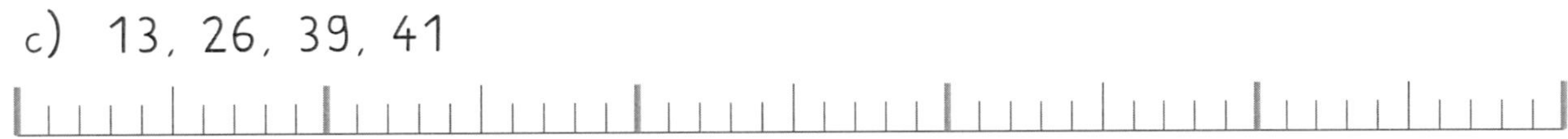

Aufgabe 3: *Schreibe die richtigen Zahlen unter die Markierungen.*

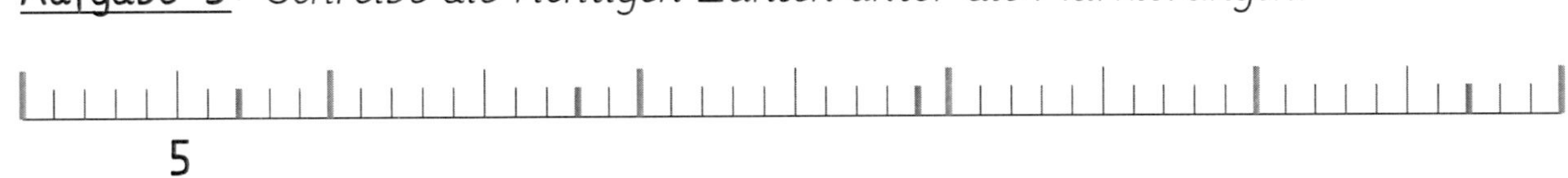

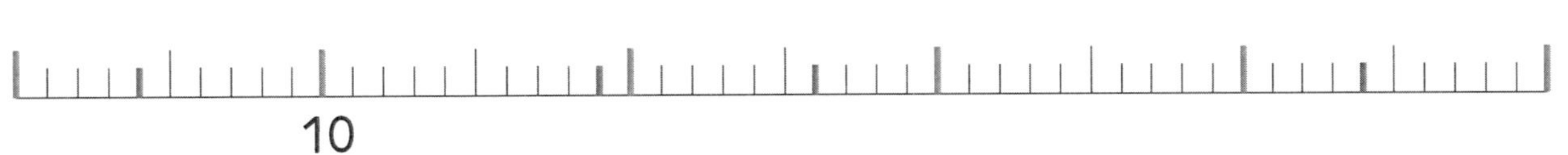

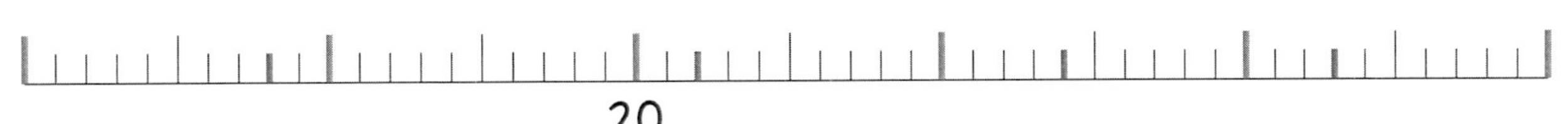

DER ZAHLENRAUM
Sicher bewegen im Zahlenraum – Bestell-Nr. 12 865
KOHL VERLAG

1 2 3 4 5 6 7 8 9 0

Zahlenraum 0 – 50: Addition 1

Beispiel: *Zeichne ein und rechne dann so, wie im Beispiel gezeigt.*

15 + 7 = 22

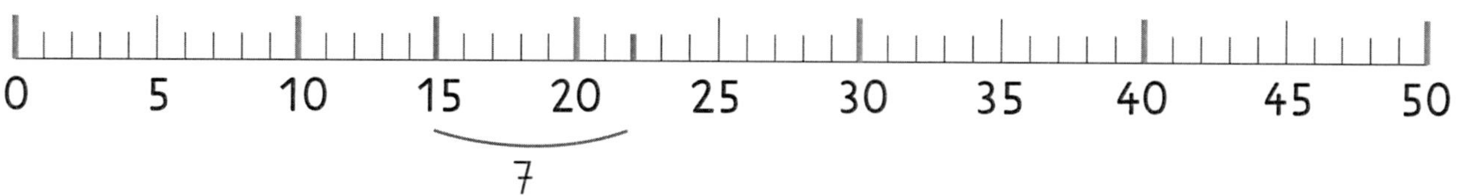

Aufgabe: *Jetzt bist du an der Reihe. Zeichne ein und rechne dann wie oben.*

a) 23 + 9 =

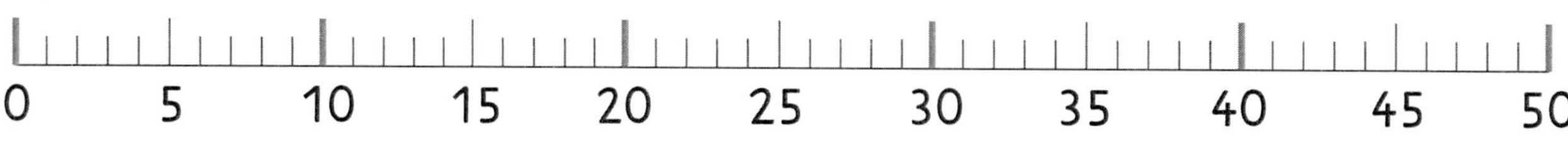

b) 35 + 7 =

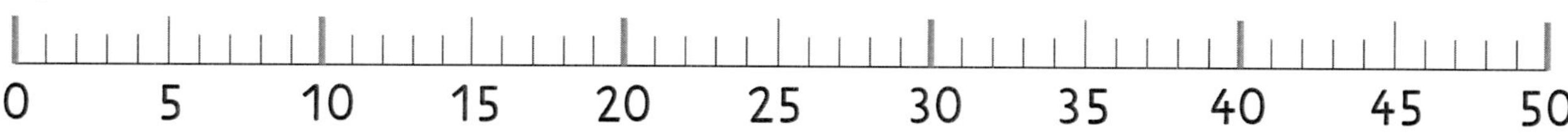

c) 27 + 4 =

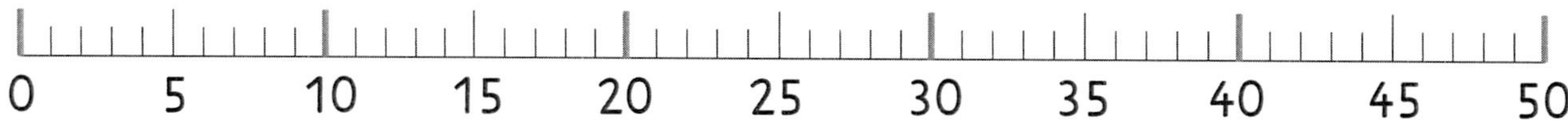

d) 39 + 6 =

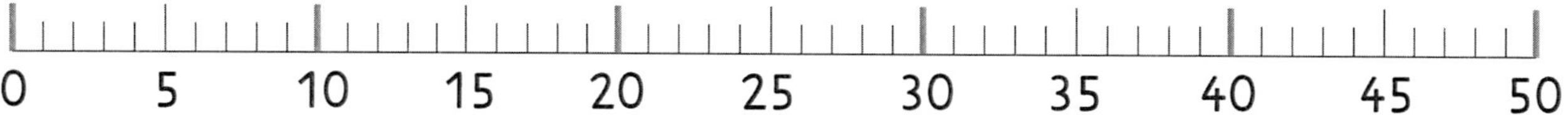

e) 38 + 8 =

0 5 10 15 20 25 30 35 40 45 50

1 2 3 4 5 6 7 8 9 0

Zahlenraum 0 – 50: Addition 2

Das Zusammenzählen zweier Zahlen funktioniert gut mit dem Zahlenstrahl, wenn du eine einstellige Zahl (1 bis 9) dazuzählst. Noch einfacher geht es mit dem Ergänzungstrick. Auf dieser Seite erfährst du wie das funktioniert.

Beispiel:

1. Ich überlege mir: 12 + 9 = 12 + 8 + 1
   Ich schaue: Wie viel fehlt auf den nächsten Zehner (hier auf 20).

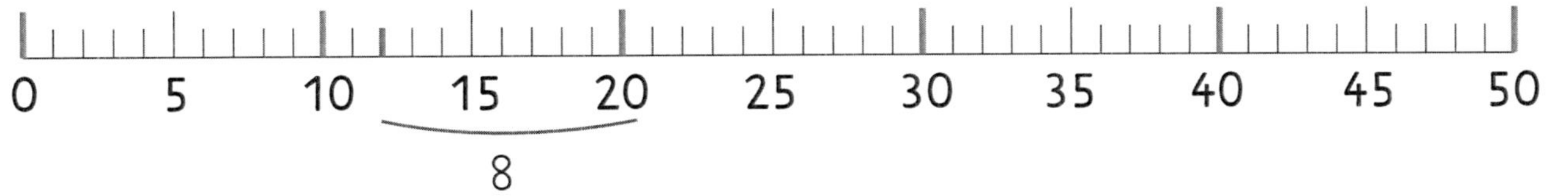

2. Ich möchte aber nicht 8, sondern 9 dazuzählen. Da fehlt mir noch 1 (weil 8 + 1 = 9).

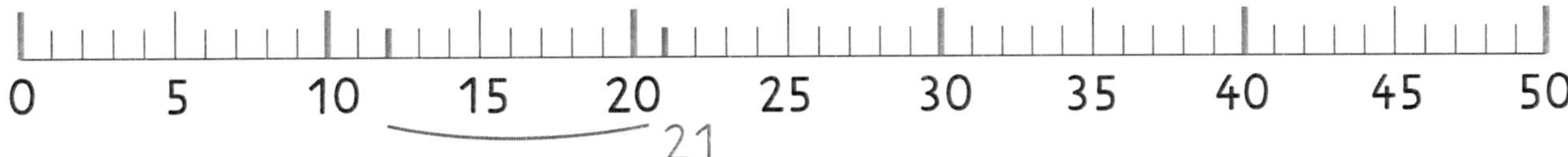

3. Also lautet das Ergebnis: 12 + 9 = 21

Aufgabe: *Jetzt bist wieder du an der Reihe. Zeichne ein und rechne dann wie in den Beispielen gezeigt.*

a) 27 + 7 =

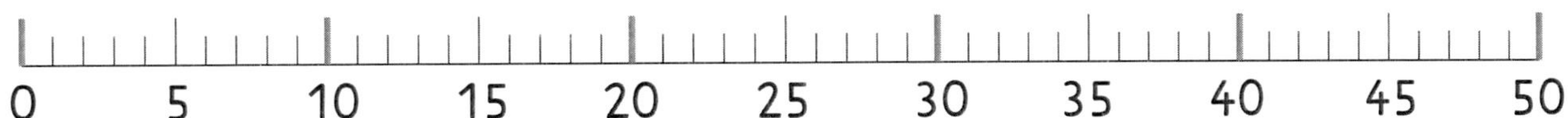

b) 33 + 9 =

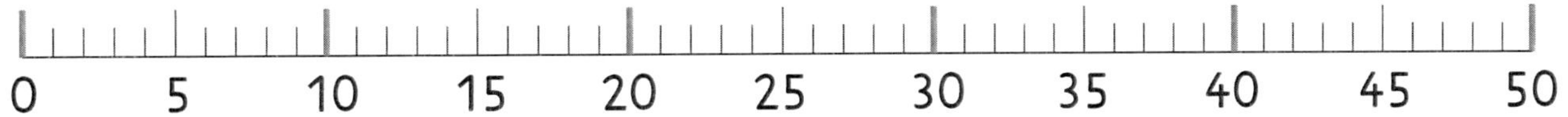

c) 15 + 6 =

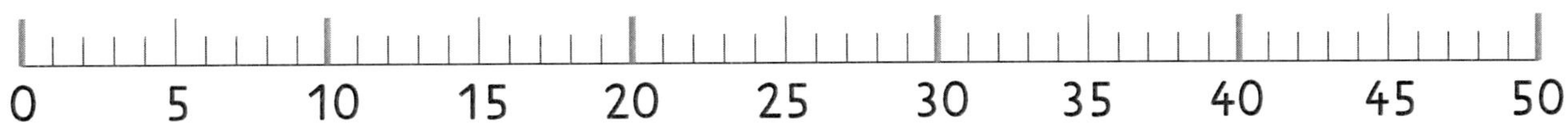

d) 29 + 4 =

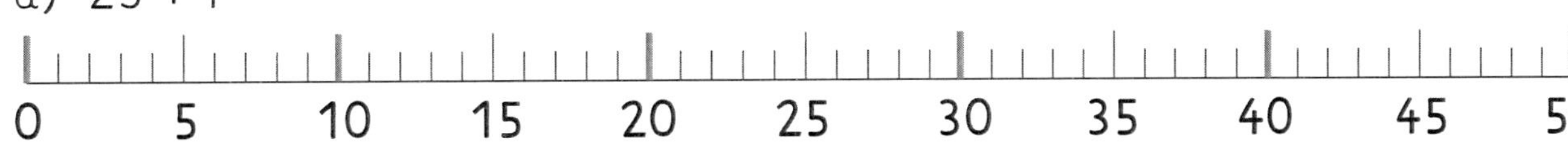

KOHL VERLAG DER ZAHLENRAUM Sicher bewegen im Zahlenraum – Bestell-Nr. 12 865

1 2 3 4 5 6 7 8 9 0

Zahlenraum 0 – 50: Addition 3

Beispiel: *Jetzt wird es kniffeliger. Wir rechnen zwei zweistellige Zahlen zusammen. Da gibt es zwei verschiedene Möglichkeiten.*

1. Fall

ZE ZE ZE

23 + 12 = 35

Wenn die beiden Einerzahlen zusammen nicht mehr als 10 ergeben, kannst du es so machen:

Wir rechnen zuerst die Zehner zusammen (20 + 10) und zählen dann die Einer (3 + 2) dazu.

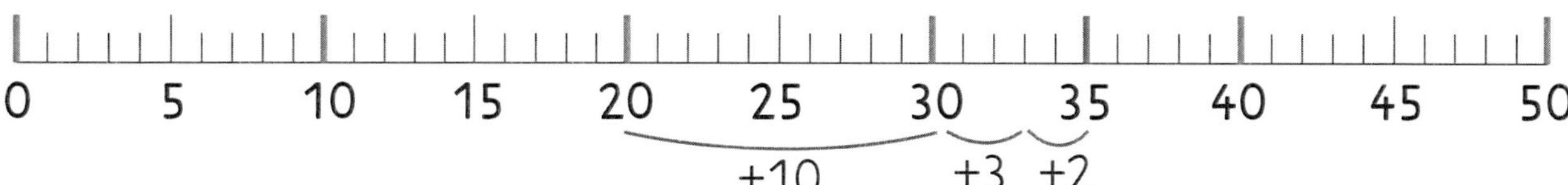

2. Fall

ZE ZE ZE

15 + 29 = 44

Wenn die Einerzahlen zusammengezählt mehr als 10 ergeben, machen wir es auf diese Art und Weise:

Wir rechnen zur ersten Zahl zunächst die Zehnerstelle dazu, erst dann rechnen wir die Einerstelle der zweiten Zahl dazu.

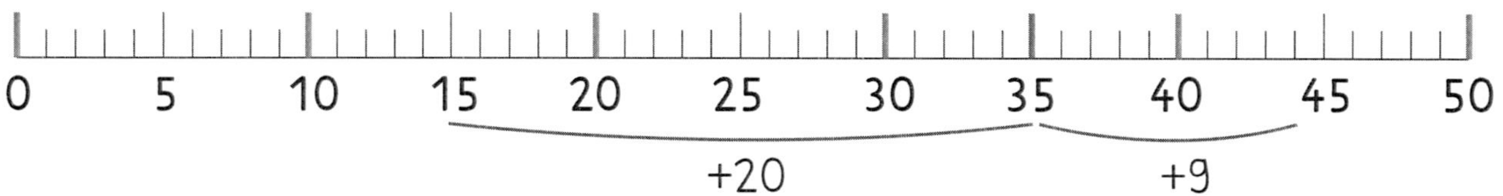

Aufgabe: *Jetzt bist du an der Reihe. Zeichne ein und rechne aus.*

1. Fall

23 + 16 =

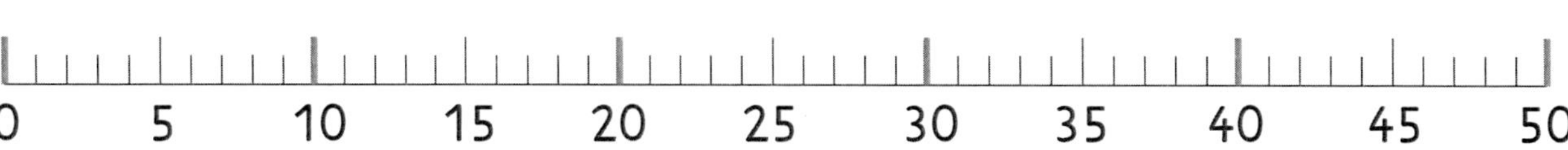

2. Fall

17 + 27 =

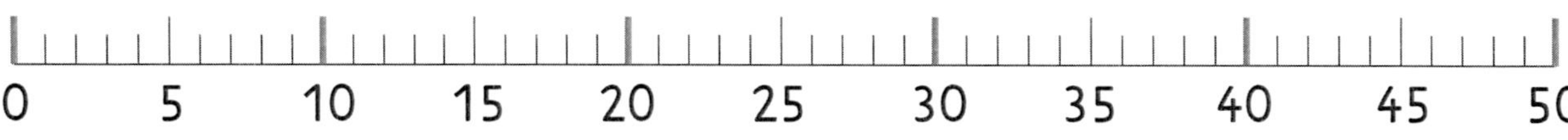

Zahlenraum 0 – 50: Addition 4

__Aufgepasst__: *Auf dieser Seite findest du gemischte Aufgaben. Achte darauf, ob es sich um Fall 1 oder Fall 2 handelt.*

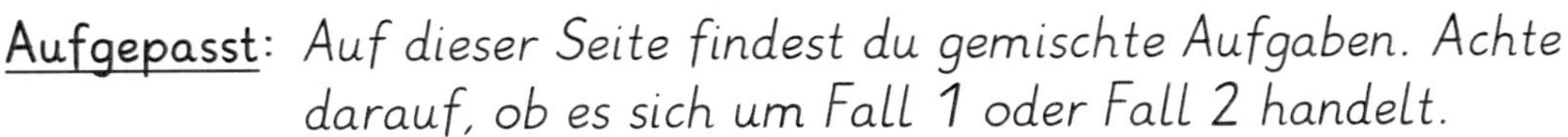

__Aufgaben__:

a) 22 + 13 =

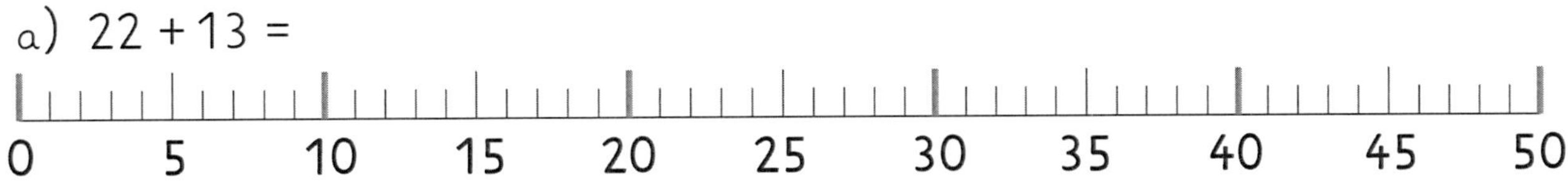

b) 24 + 18 =

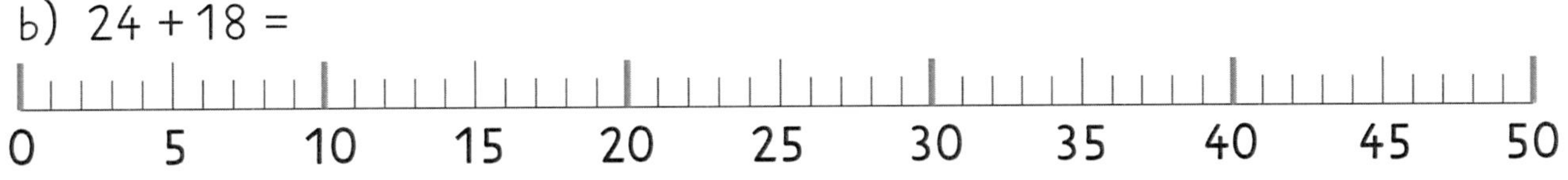

c) 34 + 11 =

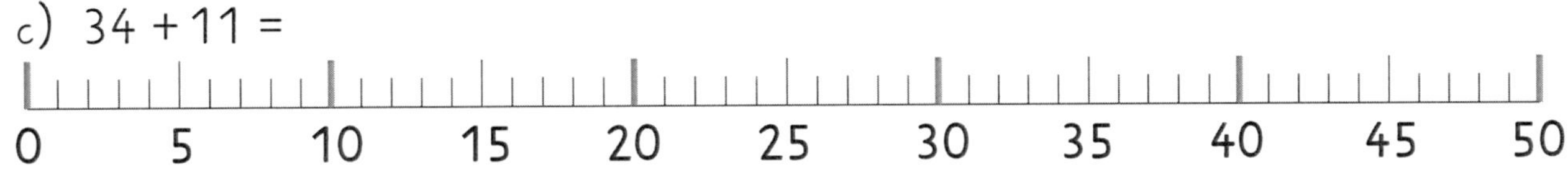

d) 16 + 23 =

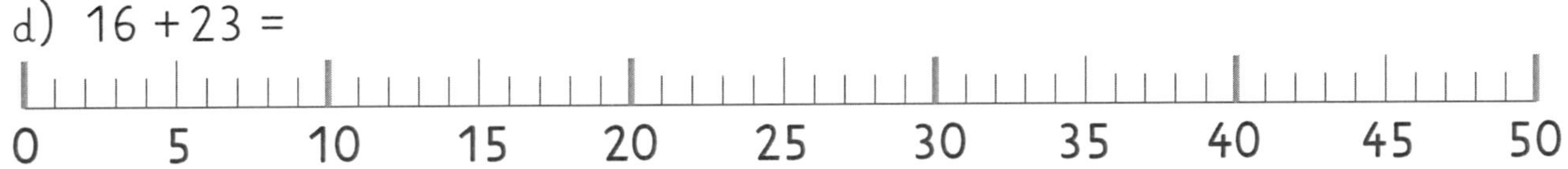

e) 29 + 15 =

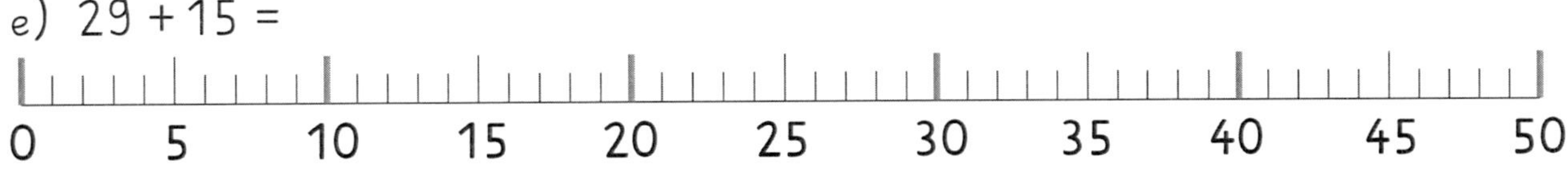

f) 33 + 11 =

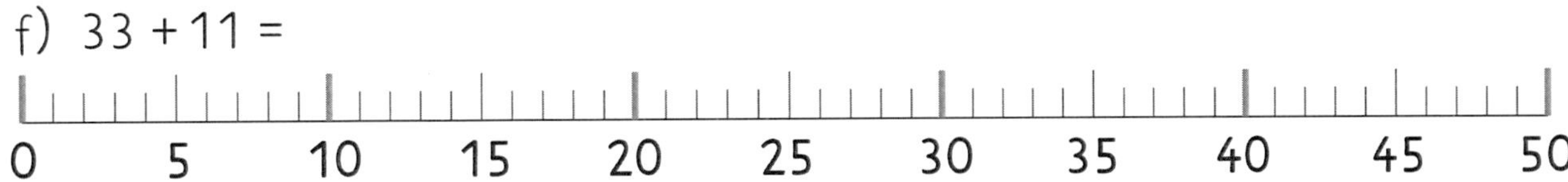

g) 21 + 27 =

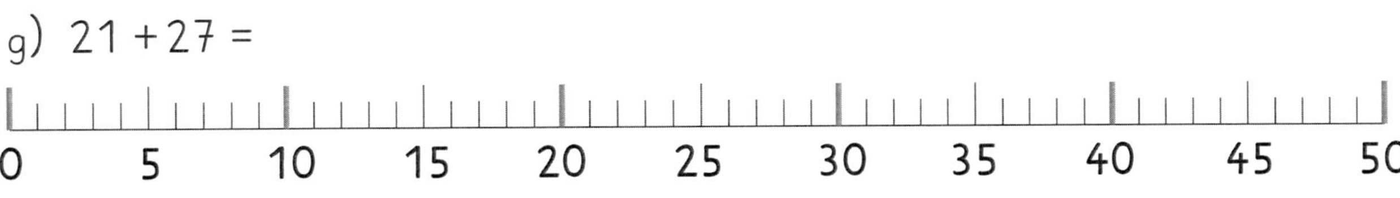

KOHL VERLAG
DER ZAHLENRAUM Sicher bewegen im Zahlenraum – Bestell-Nr. 12 865

Zahlenraum 0 – 50: Sachaufgaben

<u>Aufgaben</u>: *Überlege um welchen Fall es sich handelt, zeichne ein und rechne aus.*

a) Lukas hat zu seinem Geburtstag von seinen Großeltern Geld geschenkt bekommen: Von Opa hat er 24 € und von Oma 13 €. Wie viel Geld hat er insgesamt erhalten?

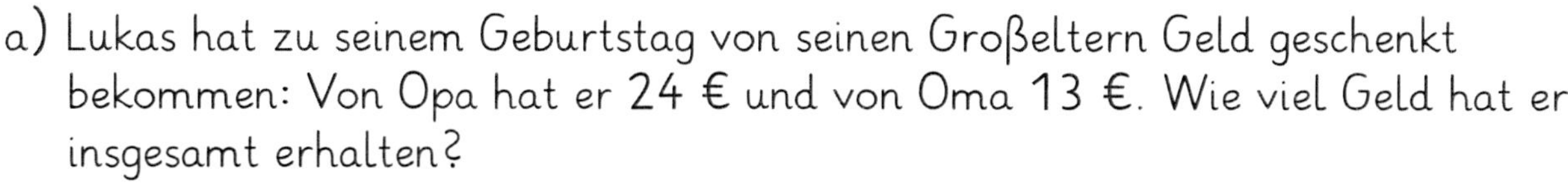

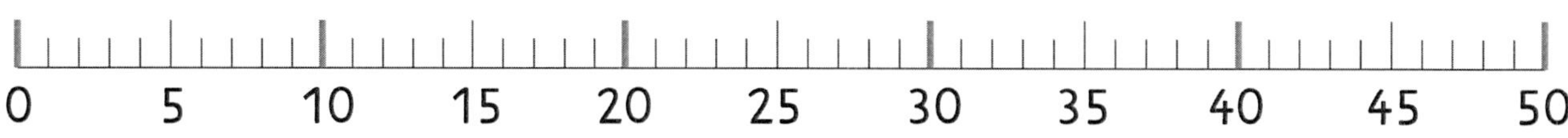

b) In der 2A sind 15 Jungen und 17 Mädchen. Wie viele Kinder sind insgesamt in der 2A?

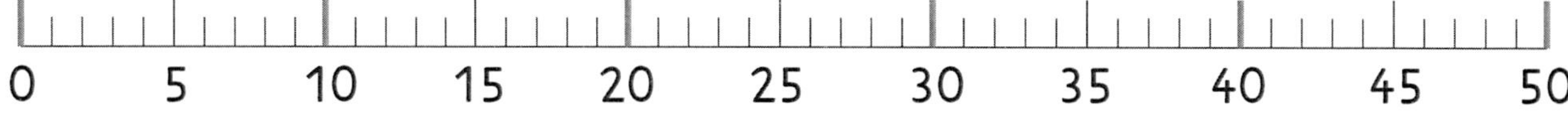

c) Anna und Lukas zählen die Autos, die vorbeifahren. Lukas zählt 23 Autos, Anna 19. Wie viele Autos sind vorbeigefahren?

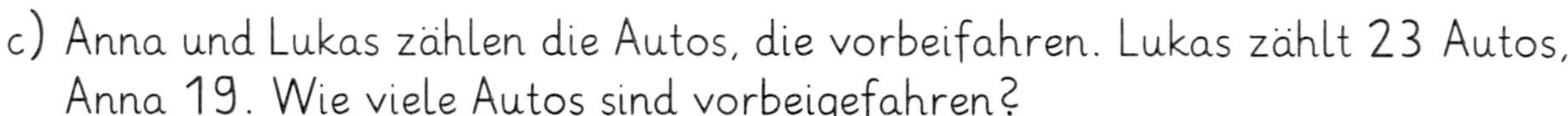

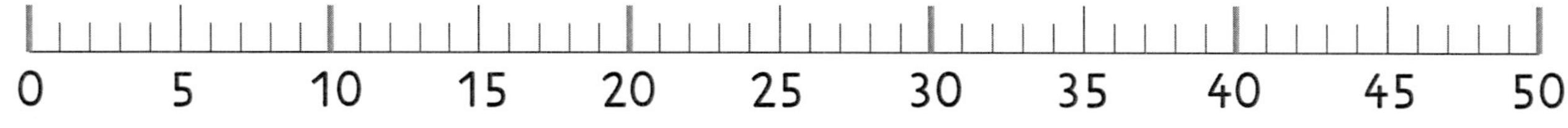

d) Marion kauft ein T-Shirt um 16 € und einen Rock um 23 €. Wieviel muss sie bezahlen?

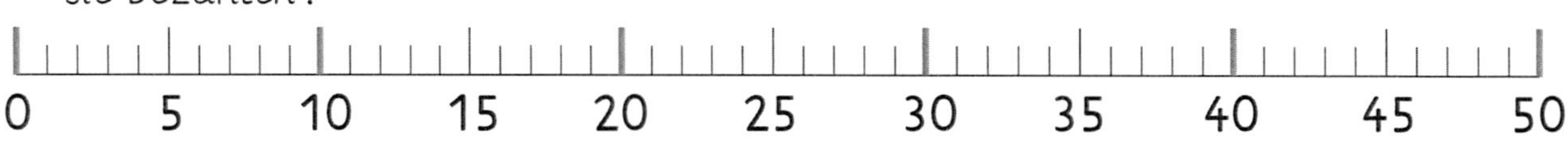

Zahlenraum 0 – 50: Subtraktion 1

<u>Beispiel</u>: *Nimm nun wieder den Zahlenstreifen.*

Fall 1: Minusrechnen einer einstelligen Zahl von einer zweistelligen: Markiere die zweistellige Zahl im Zahlenstrahl und zähle davon die einstellige Zahl (nach links) ab.

Beispiel: 23 – 7 = 16

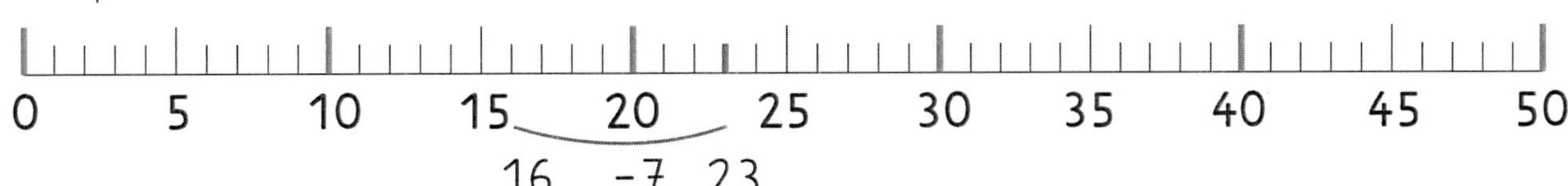

Fall 2: Minusrechnen einer zweistelligen Zahl, bei der die Einerstelle der kleineren Zahl kleiner ist als diejenige, der größeren Zahl :

Ziehe zunächst den Zehner ab, dann die Einerzahl.

Beispiel: 42 – 11 = 31   42 – 10 – 1 = 31

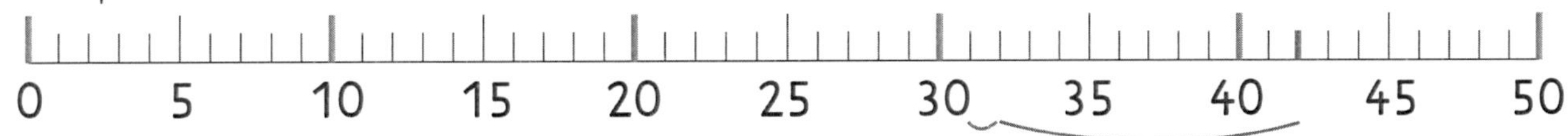

Fall 3: Minusrechnungen, bei denen die Einerzahl der kleineren Zahl größer ist als bei der größeren Zahl:

Auch hier ziehst du zunächst den Zehner ab und dann bis zum nächsten ganzen Zehner

– hier bis 20 – und dann den Rest minus 6.

Beispiel: 33 – 19 = 14   33 – 10 = 23   23 – 3 – 6 = 14

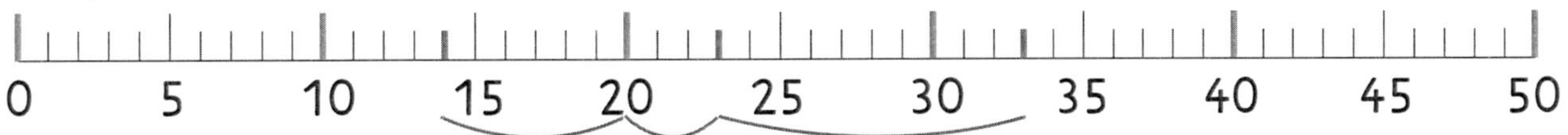

<u>Aufgaben</u>: Jetzt bist du an der Reihe. Zeichne ein und rechne aus.

Fall 1: 45 – 8 =

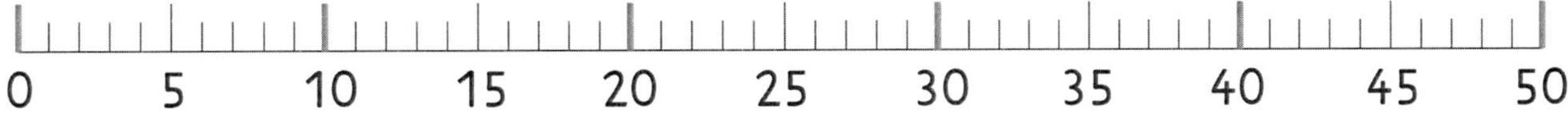

Fall 2: 46 – 23 =

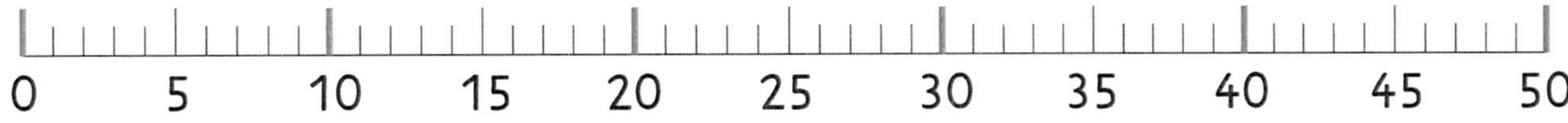

Fall 3: 41 – 25 =

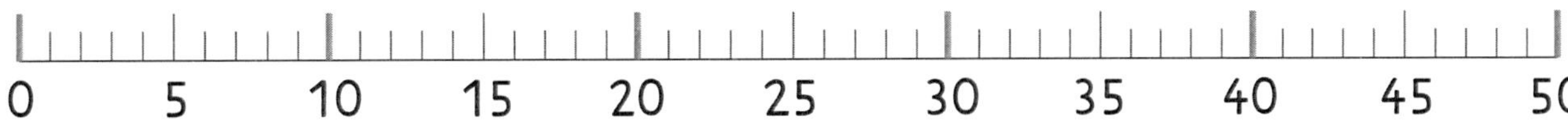

KOHL VERLAG DER ZAHLENRAUM Sicher bewegen im Zahlenraum – Bestell-Nr. 12 865

1 2 3 4 5 6 7 8 9 0

Zahlenraum 0 – 50: Subtraktion 2

Aufgaben: *Entscheide um welchen Fall es sich handelt und rechne die Aufgabe mit Hilfe des Zahlenstrahles aus und zeichne deinen Weg ein.*

Beispiel: 26 – 19 = 7 Überprüfe diese Aufgabe mit Hilfe des Einzeichnens am Zahlenstrahl.

0 5 10 15 20 25 30 35 40 45 50

a) 33 - 12 =

0 5 10 15 20 25 30 35 40 45 50

b) 25 - 7 =

0 5 10 15 20 25 30 35 40 45 50

c) 28 - 17 =

0 5 10 15 20 25 30 35 40 45 50

d) 45 - 27 =

0 5 10 15 20 25 30 35 40 45 50

e) 24 - 8 =

0 5 10 15 20 25 30 35 40 45 50

f) 37 - 19 =

0 5 10 15 20 25 30 35 40 45 50

1 2 3 4 5 6 7 8 9 0

Zahlenraum 0 – 50: Multiplikation

Beispiel: *Berechne und überprüfe diese Aufgaben mit Hilfe des Zahlenstrahls.*

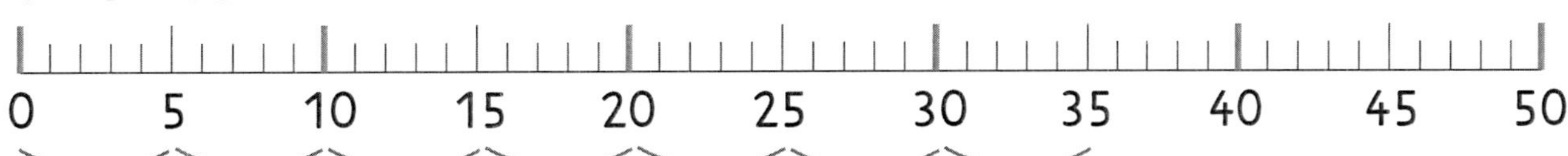

Aufgaben:

b) 6 • 7 =

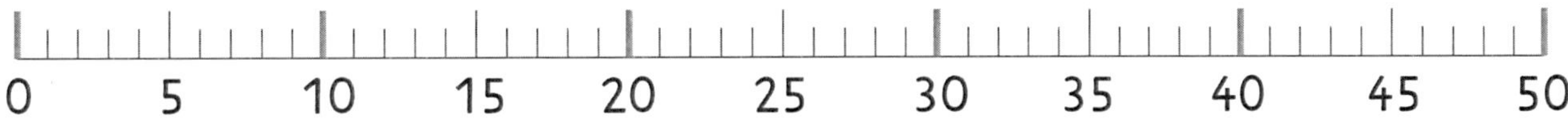

c) 4 • 6 =

d) 9 • 3 =

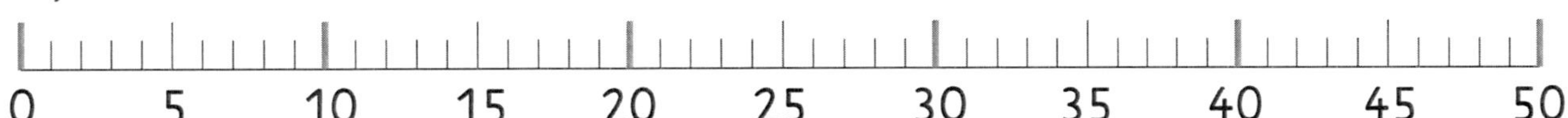

e) 5 • 9 =

f) 6 • 6 =

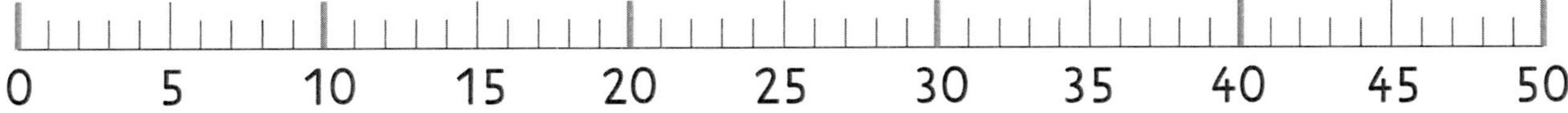

KOHL VERLAG DER ZAHLENRAUM Sicher bewegen im Zahlenraum – Bestell-Nr. 12 865

Zahlenraum 0 – 50: Division

Beispiel: *Berechne und überprüfe diese Aufgaben mit Hilfe des Zahlenstrahls.*

35 : 7 = 5

Aufgaben:

a) 30 : 6 =

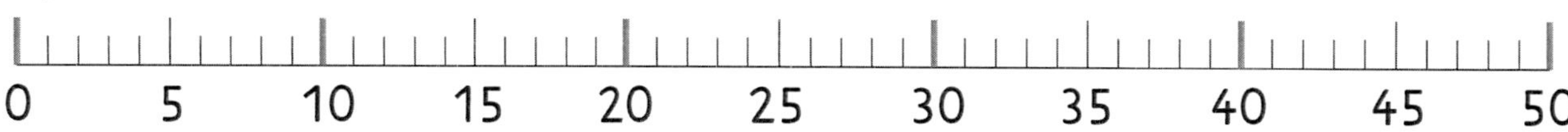

b) 48 : 8 =

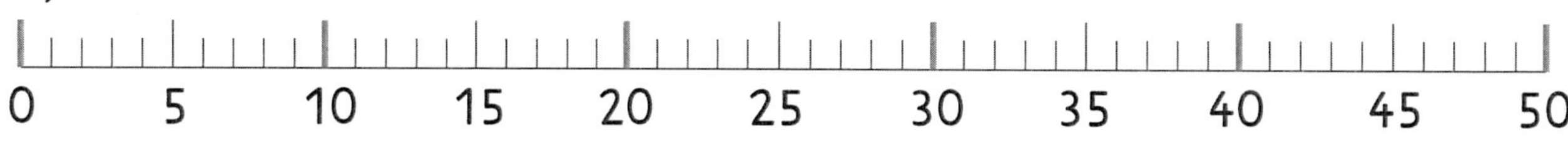

c) 21 : 7 =

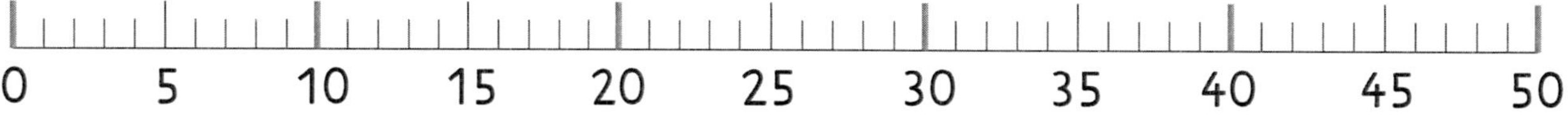

d) 32 : 4 =

e) 25 : 5 =

f) 28 : 7 =

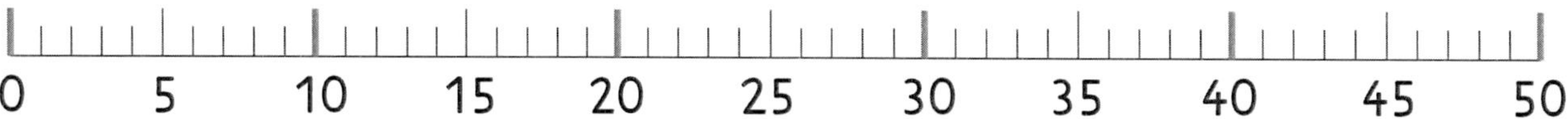

g) 40 : 4 =

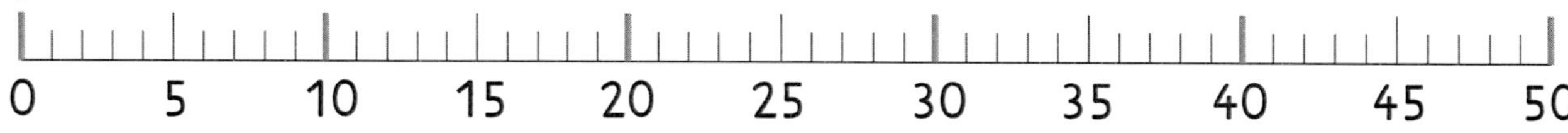

1234567890

Zahlenraum 0 – 50: Gemischte Sachaufgaben

<u>Aufgabe</u>: *Überlege welche Rechenart du verwenden musst und berechne die Aufgabe mit Hilfe des Zahlenstrahls. Vergiss nicht, einen Antwortsatz zu schreiben.*
Zeichne deine Aufgabe auch am Zahlenstrahl ein.

a) Susa bastelt dreiundzwanzig Bilderrahmen und malt neununddreißig Bilder. Wie viele Bilderrahmen muss das Mädchen noch basteln, damit jedes Bild einen Rahmen bekommt?

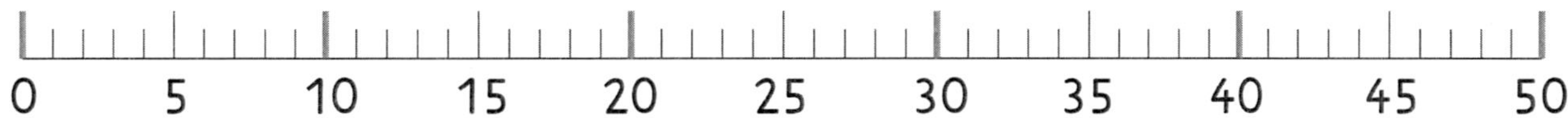

b) Sarah kocht Marmelade ein. Sie erhält 22 Gläser Erdbeermarmelade und 14 Gläser Aprikosenmarmelade. Sie verpackt die Marmeladegläser in Boxen zu je 6 Gläser. Wie viele Boxen benötigt sie?

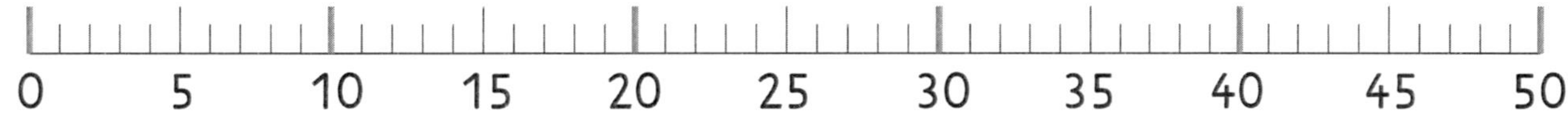

c) Dina hat 8 Stofftiere. Lukas hat sechsmal so viele. Wie viele Stofftiere hat Lukas?

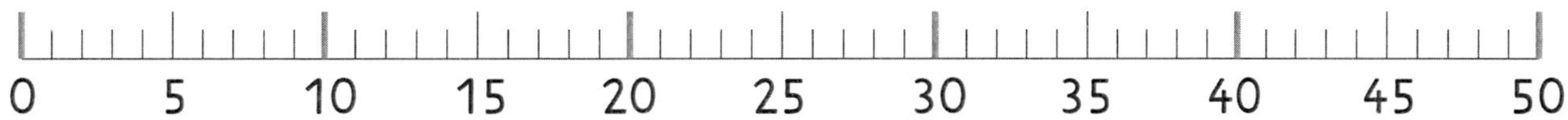

d) Im Sportclub sind 14 Jungen und 27 Mädchen eingeschrieben. Wie viele Kinder sind das insgesamt?

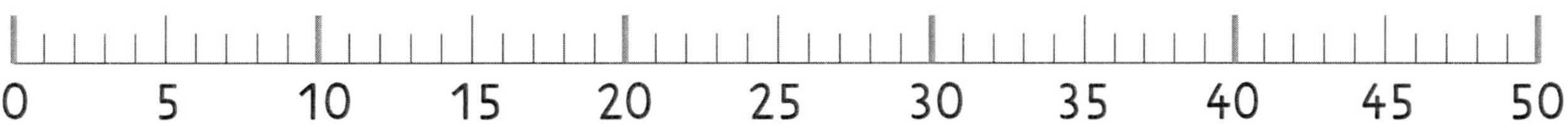

Zahlenraum 0 – 100: Zahlenstrahl anpassen 1

Im Zahlenraum von 0 – 100 kannst du den Zahlenstreifen verwenden. Dafür musst du ihn zusammenkleben.

Info 1: Mit dem Zahlenstrahl zu rechnen ist im Hunderterbereich schwieriger, weil man auf einem Blatt Papier wenig Platz hat.

Info 2: Teile ihn daher in 10er-Schritte ein.

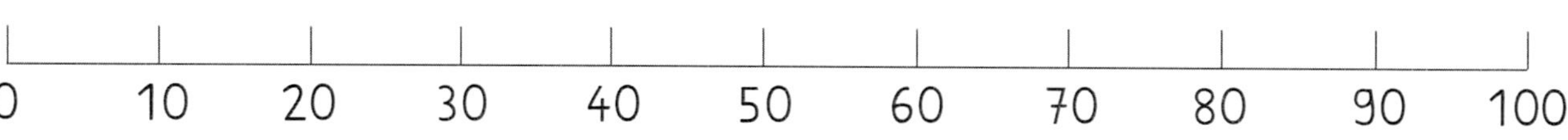

Info 3: Teile ihn daher in 5er-Schritte ein.

Aufgabe 1: *Welche Zahlen gehören an die roten Markierungen am Zahlenstrahl? Trage sie ein.*

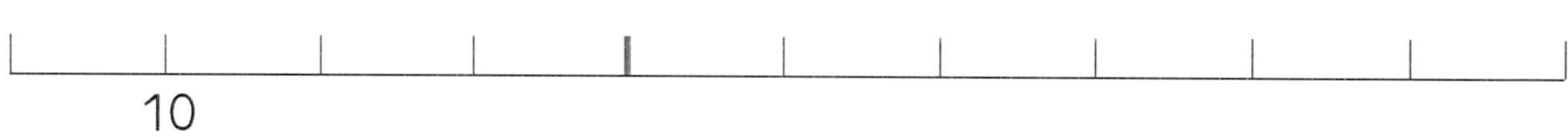

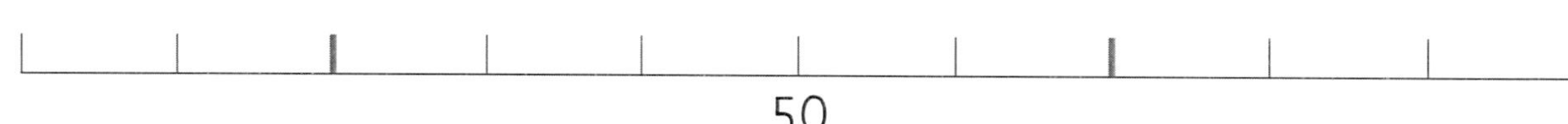

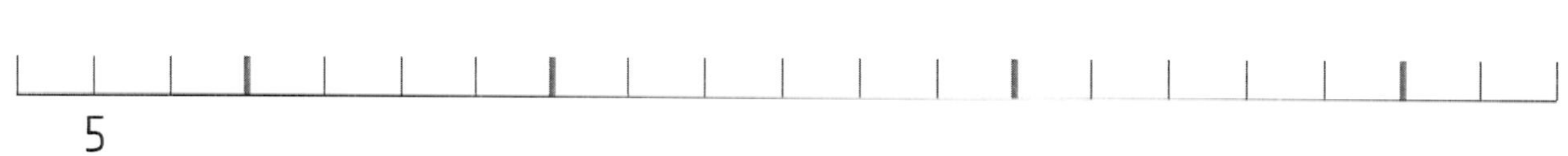

Aufgabe 2: *Trage die folgenden Zahlen am Zahlenstrahl ein: 45, 70, 35, 95*

Zahlenraum 0 – 100: Zahlenstrahl anpassen 2

Natürlich kannst du auch einen Zahlenstrahl verwenden, in dem für jede Zahl eine Markierung vorgesehen ist. Er ist gut geeignet, damit du dir Größenverhältnisse gut vorstellen und Nachbarzahlen ablesen kannst!

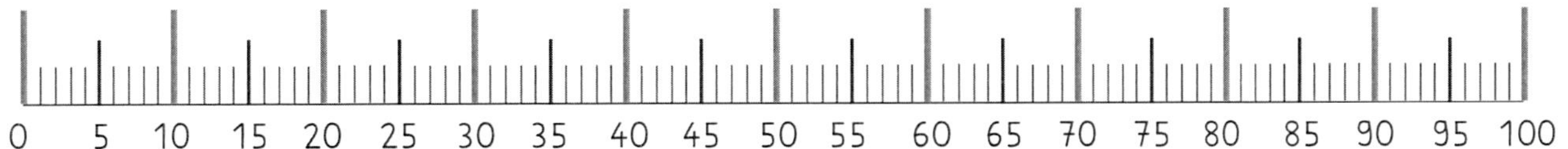

Aufgabe 1: *Markiere folgende Zahlen am unteren Zahlenstrahl.*

a) 24, 67, 99, 100

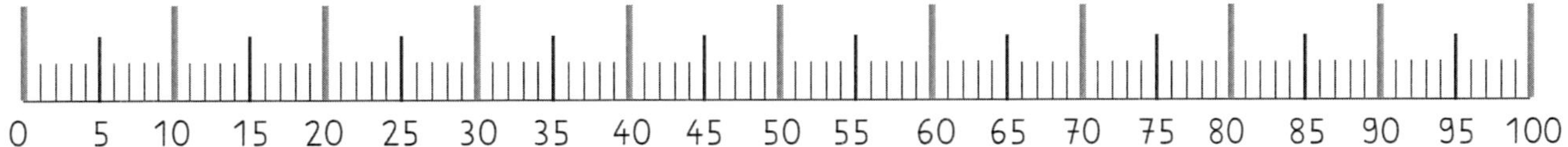

b) 37, 44, 55, 86

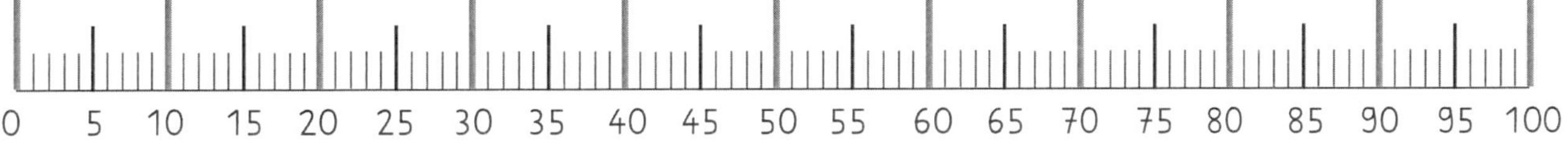

c) 34, 56, 77, 97

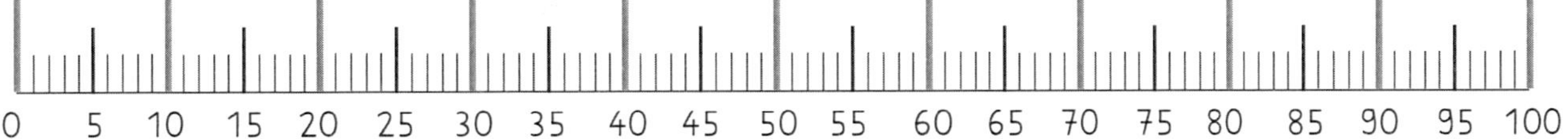

d) 24, 37, 49, 73

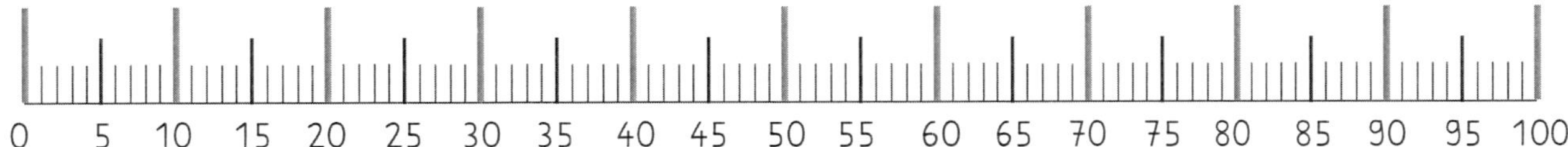

e) 8, 16, 67, 86

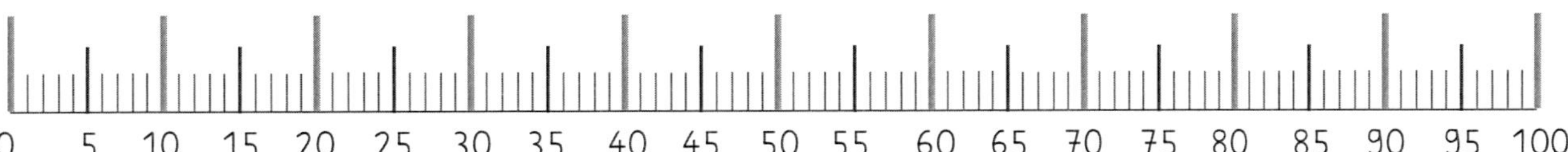

DER ZAHLENRAUM
Sicher bewegen im Zahlenraum – Bestell-Nr. 12 865
KOHL VERLAG

1 2 3 4 5 6 7 8 9 0

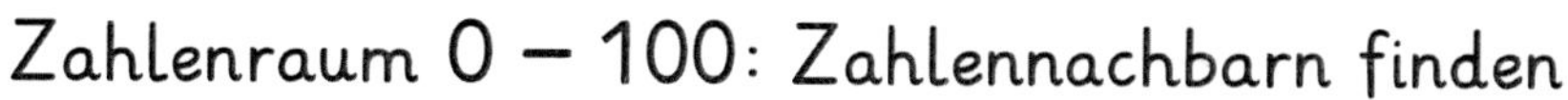

Zahlenraum 0 – 100: Zahlennachbarn finden

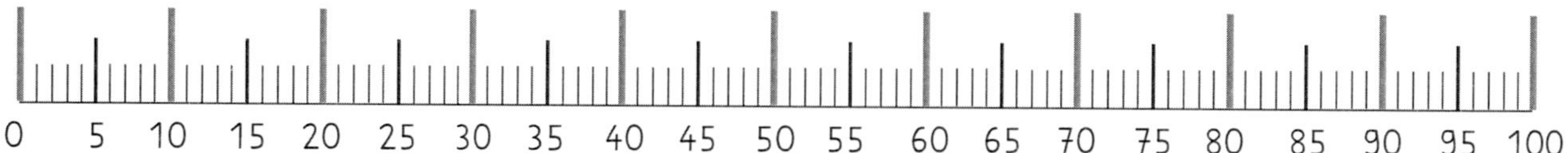

Aufgabe 1: *Suche mit Hilfe des Zahlenstrahls die Nachbarzahlen.*

	65	
	47	
		93
98		
	89	
		82
47		
	99	

Aufgabe 2: *Wie groß ist der Abstand zwischen den 2 Zahlen? Nimm den Zahlenstrahl zur Hilfe. Notiere dein Ergebnisse.*

a) 34 und 77 – Der Abstand beträgt: ________________

b) 56 und 89 – Der Abstand beträgt: ________________

c) 27 und 67 – Der Abstand beträgt: ________________

d) 89 und 100 – Der Abstand beträgt: ________________

e) 45 und 59 – Der Abstand beträgt: ________________

f) 48 und 93 – Der Abstand beträgt: ________________

1 2 3 4 5 6 7 8 9 0

Zahlenraum 0 – 100: Sachaufgaben

Aufgabe: *Nimm den 100er-Zahlenstreifen zur Hand oder ein Maßband und löse die folgenden Rechenaufgaben.*

a) Wenn du von der gesuchten Zahl 23 abziehst, erhältst du 44.

Die Zahl lautet:

b) Wenn du zu der gesuchten Zahl 77 dazuzählst, erhältst du 99.

Die Zahl lautet:

c) Wenn du die Zahl durch 8 teilst, erhältst du 8.

Die Zahl lautet:

d) Wenn du die Zahl mit 7 mal nimmst, erhältst du 56.

Die Zahl lautet:

e) Anton möchte sich ein Computerspiel für 69 € kaufen. Er hat erst 34 € gespart.

Wie viel Euro fehlen ihm noch?

f) Familie Huber besteht aus Vater, Mutter und zwei Kindern. Sie gehen ins Kino. Pro Person kostet die Vorstellung 11 €. Die Kinder bekommen noch je eine Portion Popcorn für je 4 €.

Wie viel muss Familie Huber bezahlen?

g) Der Bäcker bäckt 37 Brötchen und 63 Hörnchen.

Wie viele Gebäckstücke sind das insgesamt?

h) Mama hat 37 Plätzchen ausgestochen, Karla hat 49 Plätzchen ausgestochen.

Wie viele Plätzchen sind das insgesamt?

KOHL VERLAG DER ZAHLENRAUM Sicher bewegen im Zahlenraum – Bestell-Nr. 12 865

1 2 3 4 5 6 7 8 9 0

Zahlenraum 0 – 1000: Zahlen zuordnen

Simon möchte einen Zahlenstrahl für den Zahlenraum von 0 bis 1000 zeichnen. Er stellt fest, dass dies nicht so einfach ist. Das ist ihm zu viel Arbeit. Daher zeichnet er diesen in 100er-Schritten.

Aufgabe 1: *Kannst du die Zahlen richtig einzeichnen?*

a) Du kannst folgende Zahlen bestimmt richtig zuordnen: 150, 750, 850

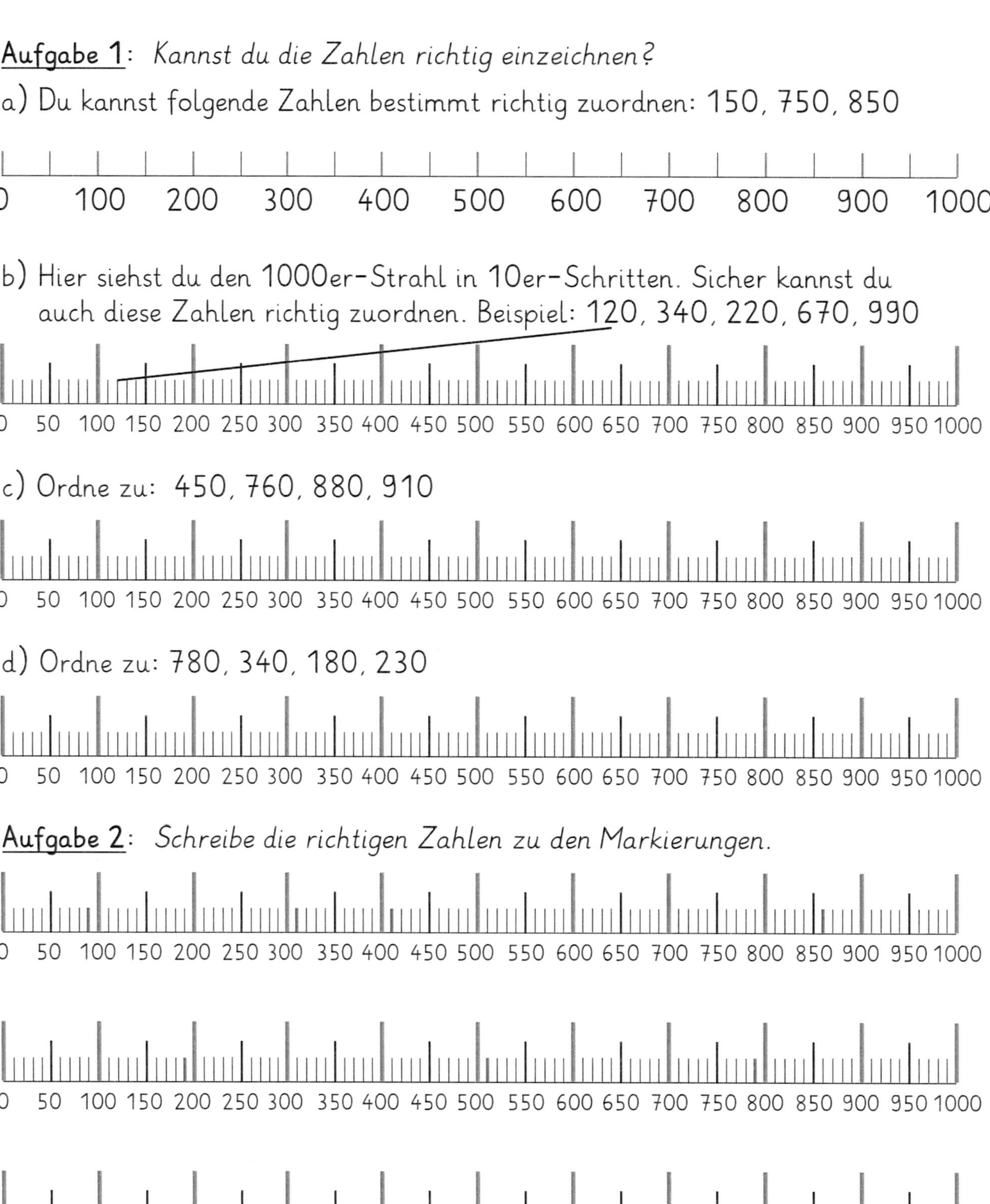

b) Hier siehst du den 1000er-Strahl in 10er-Schritten. Sicher kannst du auch diese Zahlen richtig zuordnen. Beispiel: 120, 340, 220, 670, 990

c) Ordne zu: 450, 760, 880, 910

d) Ordne zu: 780, 340, 180, 230

Aufgabe 2: *Schreibe die richtigen Zahlen zu den Markierungen.*

Zahlenraum 0 – 1000: Nachbarzahlen finden

Aufgabe 1: *Trage die richtigen Nachbarzehner ein. Der Zahlenstrahl hilft dir dabei.*

	250	
	470	
		930
340		
	100	
		650
470		
	990	

Aufgabe 2: *Wie groß ist der Abstand zwischen.*

a) 340 und 720 b) 390 und 880 c) 330 und 670

d) 560 und 770? e) 450 und 630 f) 120 und 500

Aufgabe 3: *Eine kniffelige Frage zum Schluss. Wie oft hat 30 in 330 Platz?*

1234567890

Zahlenraum 0 – 1000: Ausschnitte aus dem 1000er-Strahl

0 50 100 150 200 250 300 350 400 450 500 550 600 650 700 750 800 850 900 950 1000

Unten siehst du Ausschnitte aus dem 1000er-Strahl.

Aufgabe 1: *Ordne die Zahlen dem Zahlenstrahl richtig zu.*

a) 170, 290, 360

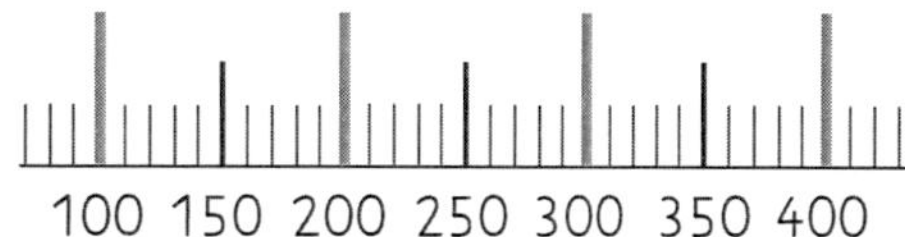

b) 310, 440, 560

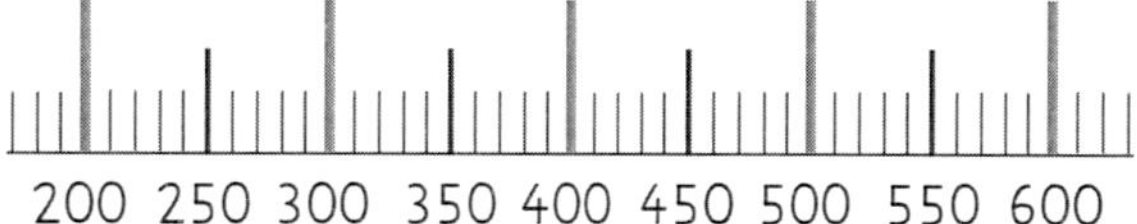

c) 390, 490, 620

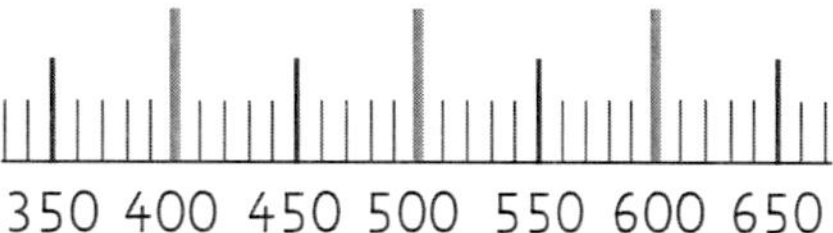

Aufgabe 2: *Welche Zahlen gehören zu den rot markierten Stellen?*

a)

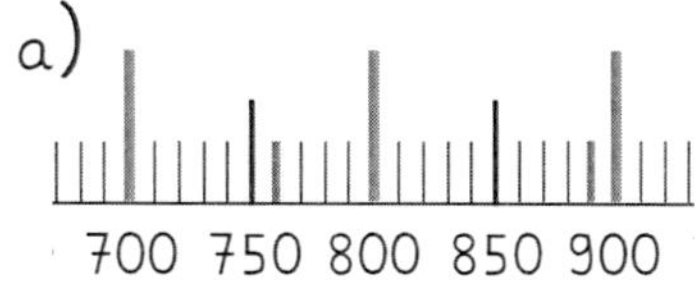

b)

450 500 550 600 650

c)

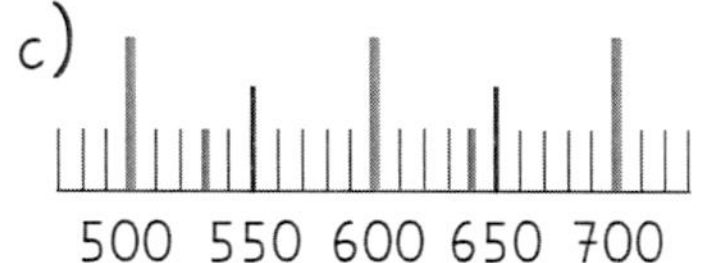

Zahlenraum 0 – 1000: Gemischte Sach- und Rechenaufgaben 1

Aufgabe 1: *Löse folgende Aufgaben mithilfe des Zahlenstrahls.*

a) Iris hat 130 € in ihrem Sparschwein. Sie möchte ein Sommerkleid für 85 € und Sandalen für 75 € kaufen. Ist ihr erspartes Geld dafür ausreichend?

Rechnung:

Antwort: ____

b) Lisa bekommt von ihren Eltern jeden Monat 25 € Taschengeld. Nach 6 Monaten überlegt sie, ob sie sich davon einen Tennisschläger um 168 € kaufen kann.

Rechnung:

Antwort: ____

c) Die Zwillinge Tina und Timon lieben es in einem Bällebad zu spielen. Es befinden sich 650 Bälle darin, gleich viel blaue und rote Bälle. Wie viele blaue Bälle befinden sich im Bad?

Rechnung:

Antwort: ____

KOHL VERLAG DER ZAHLENRAUM Bestell-Nr. 12 865

Zahlenraum 0 – 1000: Gemischte Sach- und Rechenaufgaben 2

d) Der Schulanfang wird teuer! Die neue Schultasche kostet 120 €, das neue Fahrrad kostet 375 € und für die Sportschuhe muss Papa 65 € bezahlen. Wie viel kostet alles zusammen? Papa hat einen 500 € Schein dabei. Genügt das oder muss er mehr Geld abheben?

Rechnung:

Antwort: ____

e) In die Grundschule am Maierweg sind 890 Schüler. 350 davon wohnen in einem Haus, 270 leben in einer Mietwohnung in der Stadt. Die restlichen Schüler und Schülerinnen müssen täglich vom Nachbarort mit dem Bus zur Schule fahren. Wie viele sind das?

Rechnung:

Antwort: ____

f) Der Elternverein besorgt für das Sommerfest 230 Liter Mineralwasser, 120 Liter Apfelsaft, 60 Liter Orangensaft, 15 Liter Milch und 165 Liter Eistee. „So viel?", ruft Paul, „das sind ja beinahe 1000 Liter. Wer soll das alles trinken?" Hat Paul recht? Sind das beinahe 1000 Liter?
Um wie viel weniger als 1000 ist das?

Rechnung:

Antwort: ____

Lösungen

Seite 5
Stifte: 5 + 4 = 9
Schulhefte: 3 + 4 = 7
Lineale: 4 + 3 = 7
Bücher: 7 + 2 = 9
Scheren: 6 + 4 = 10

Seite 6
Stifte: 7 + 6 = 13
Schulhefte: 6 + 9 = 15
Lineale: 7 + 4 = 11
Bücher: 8 + 4 = 12
Scheren: 9 + 5 = 14

Seite 7

Aufgabe 1:

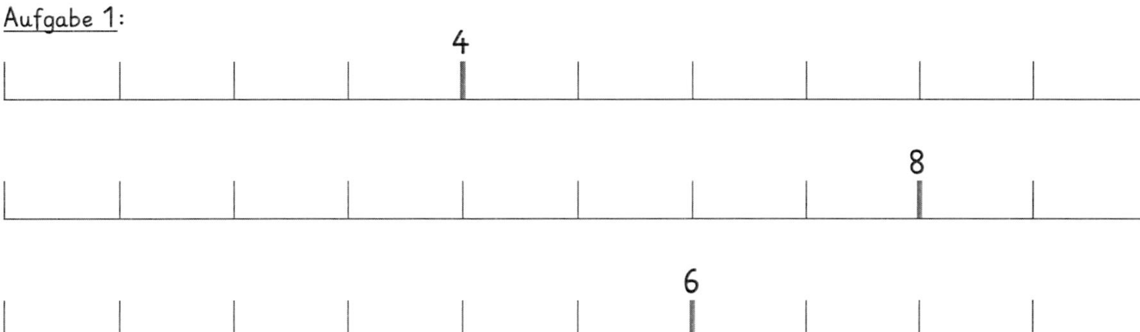

Aufgabe 2:

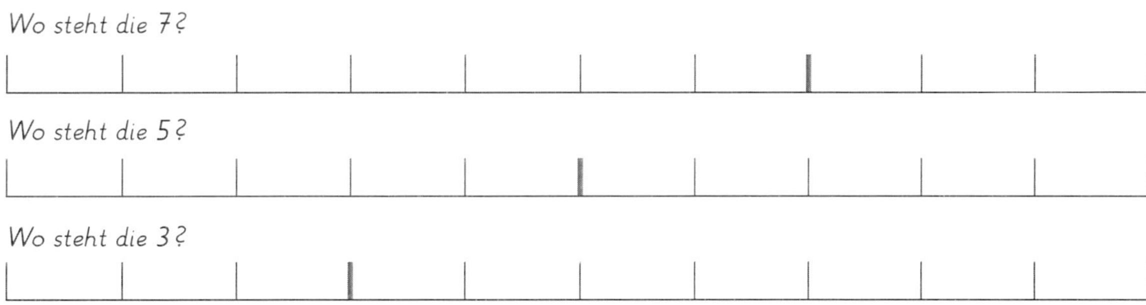

Seite 8

Aufgabe 1:

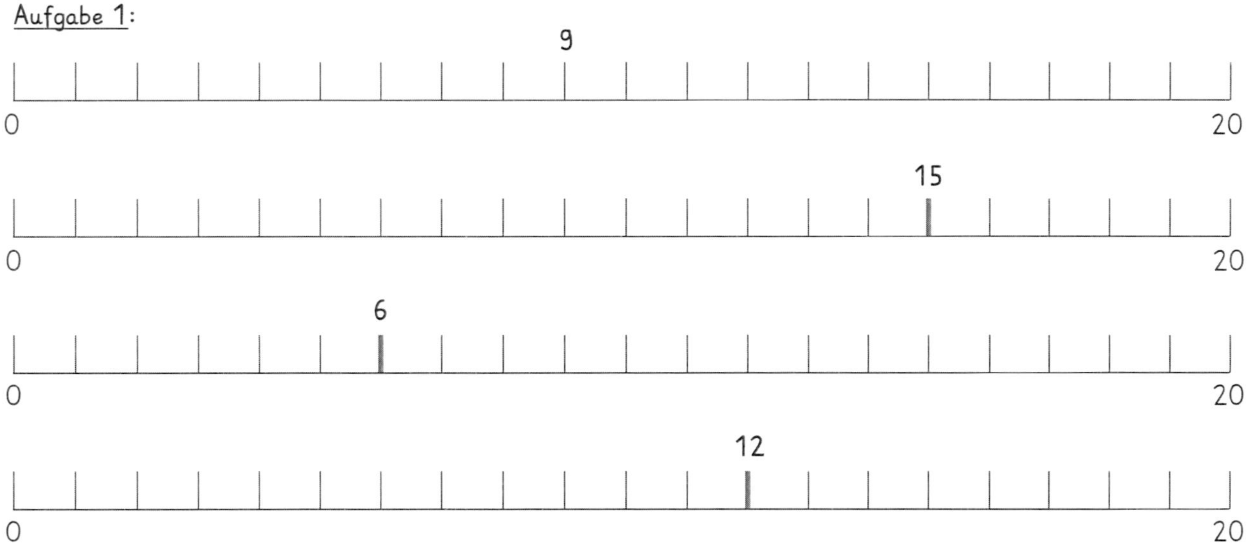

KOHL VERLAG DER ZAHLENRAUM Sicher bewegen im Zahlenraum – Bestell-Nr. 12 865

Lösungen

Seite 8

Aufgabe 2:

a) Wo steht die 17?

0 20

b) Wo steht die 13?

0 20

c) Wo steht die 9?

0 20

d) Wo steht die 11?

0 20

Seite 9

Aufgabe:

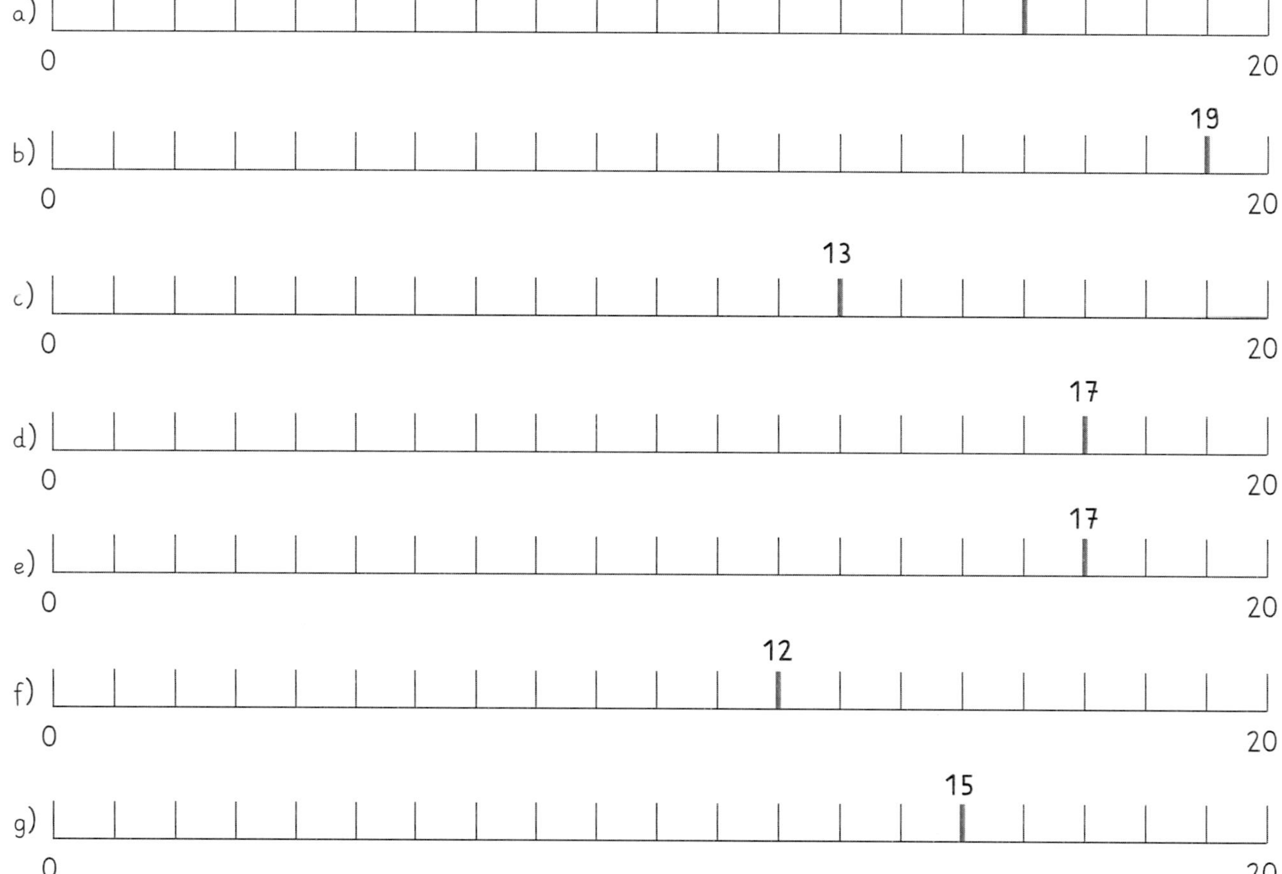

DER ZAHLENRAUM

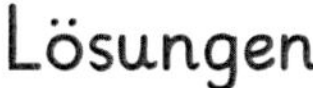

Lösungen

Seite 10

Aufgabe:

a) Lisa hat 9 Scheren, Luka hat 6 Scheren, 9+6=15

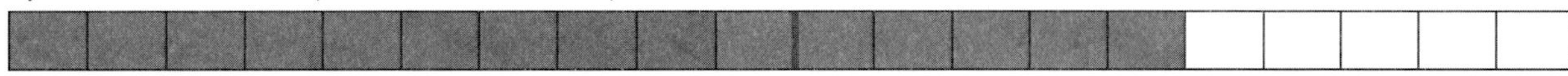

b) Lisa hat 8 Hefte, Luka hat 3 Hefte, 8+2+1=11

c) Lisa hat 10 Lineale, Luka hat 9 Lineale, 10+9=19

d) Lisa hat 3 Radiergummis, Luka hat 9 Radiergummis, 3+9=12

e) Lisa hat 6 Spitzer, Luka hat auch 6 Spitzer, 6+6=12

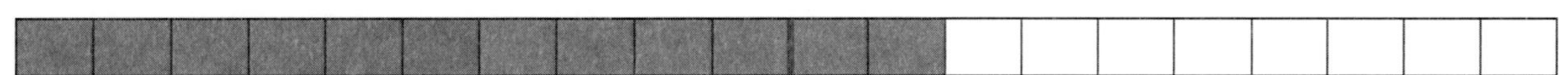

f) In der 1. Klasse sind 8 Mädchen und 9 Jungen, 8+9=17

Seite 11

Aufgabe 1: 8+7=15 Sie basteln zusammen 15 Schmetterlinge.

Aufgabe 2: 5+6=11 Sie kann 11 reife Tomaten pflücken.

Aufgabe 3: 9+7=16 Sie können Oma 16 Plätzchen schenken.

Seite 12

Aufgabe 1: 1+5+9=15 Franks Lehrerin muss für 15 Kinder den Eintritt bezahlen.

Aufgabe 2: 2+8+6=16 Mama muss 16 Stück Kuchen kaufen.

Aufgabe 3: 11+7=18 Sie haben gemeinsam 18 Blumenstöcke eingepflanzt.

Aufgabe 4: 3+2+5+4=14 Die beiden Jungen fangen insgesamt 14 Fische.

Seite 13

Aufgabe:

a) 6 + 9 = 15

b) 3 + 8 = 11

KOHL VERLAG DER ZAHLENRAUM Sicher bewegen im Zahlenraum – Bestell-Nr. 12 865

1 2 3 4 5 6 7 8 9 0

Lösungen

Seite 13

Aufgabe:

c) 5 + 7 = 12

d) 9 + 4 = 13

e) 6 + 8 = 14

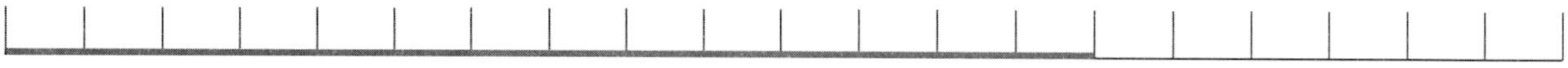

f) 2 + 9 = 11

Seite 14

Aufgabe 1:

a) 8 + 7 = 8 + 2 + 5 = 15

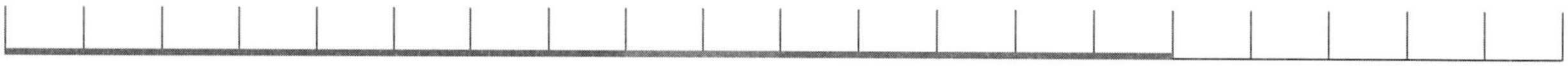

b) 9 + 4 = 9 + 1 + 3 = 13

c) 5 + 7 = 5 + 4 + 3 = 12

Aufgabe 2:

9 + 7 = 9 + 1 + 6 = 16

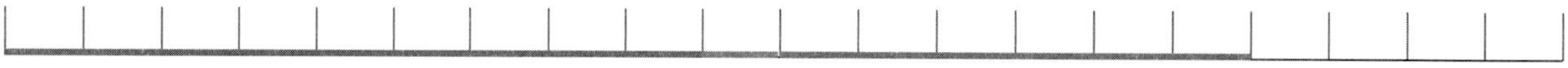

Aufgabe 3:

8 + 7 = 8 + 2 + 5 = 15

Seite 15

Aufgabe 2:

12 + 3 = 15	9 + 3 = 12
13 + 5 = 18	8 + 7 = 15
15 + 3 = 18	12 + 4 = 16
6 + 7 = 13	2 + 9 = 11
5 + 8 = 13	7 + 7 = 14

Aufgabe 3:

a) 9 € + 11 € = 20 € Ja, sie haben genügend Geld dabei, denn 9 € + 11 € = 20 €

b) 8 € + 9 € = 17 € Ja, sie haben genügend Geld dabei, denn 8 € + 9 € = 17 €

c) 7 € + 6 € = 13 € Ja, sie haben genügend Geld dabei, denn 7 € + 6 € = 13 €

Lösungen

Seite 16

Aufgabe:

a) 14 − 7 = 7

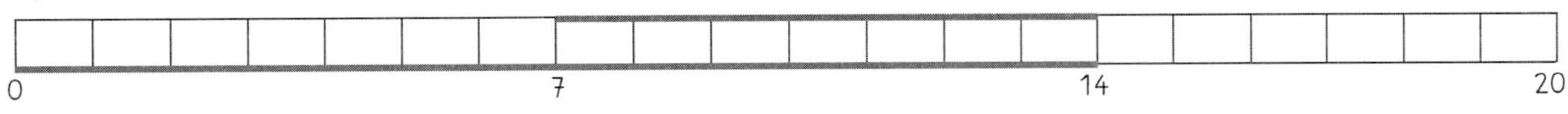

b) 13 − 5 = 8

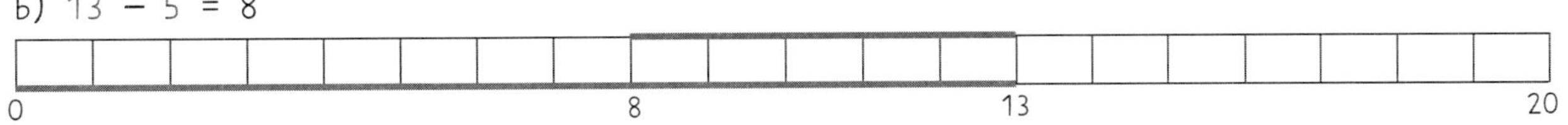

c) 17 − 9 = 8

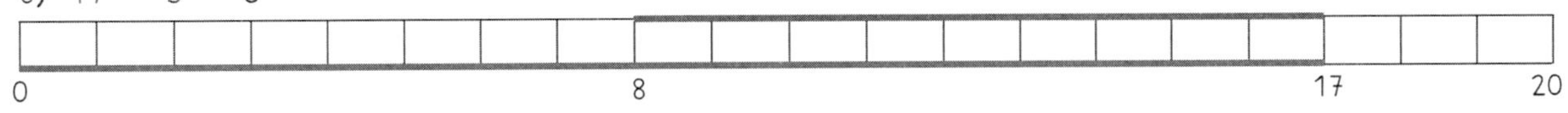

d) 11 − 5 = 6

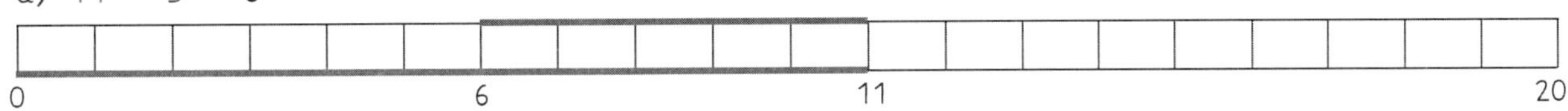

e) 13 − 8 = 5

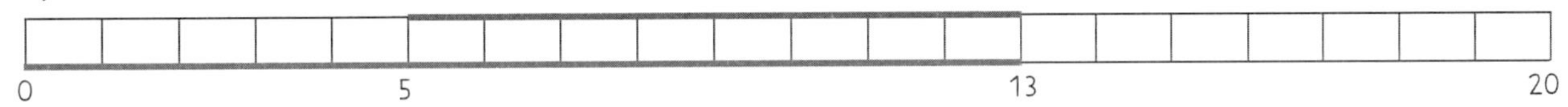

f) 18 − 9 = 9

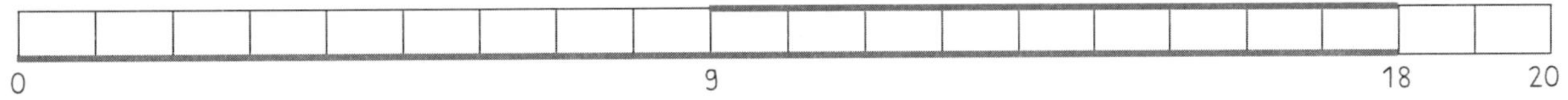

Seite 17

Aufgabe 1: 17 - 8 = 9

Aufgabe 2: 13 - 9 = 4

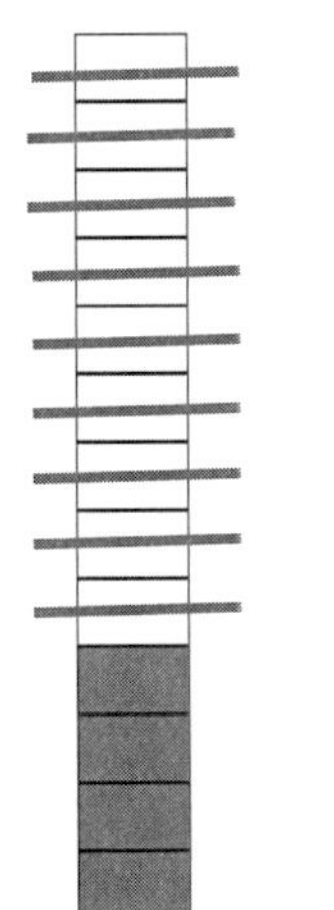

Aufgabe 3: 14 - 5 = 9

KOHL VERLAG
DER ZAHLENRAUM
Sicher bewegen im Zahlenraum – Bestell-Nr. 12 865

1 2 3 4 5 6 7 8 9 0

Lösungen

Seite 18

Aufgabe 1:

a)

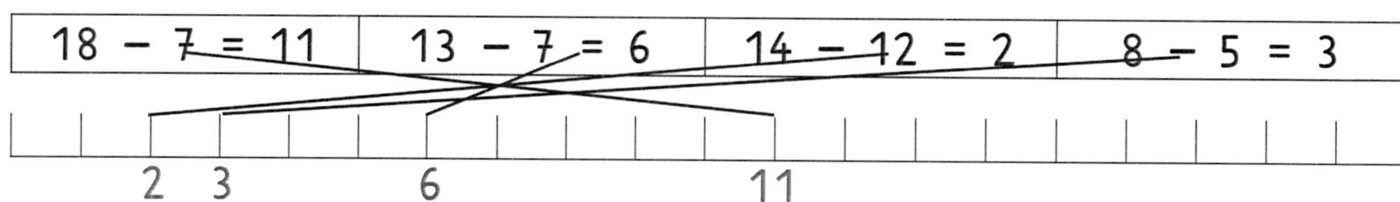

b)

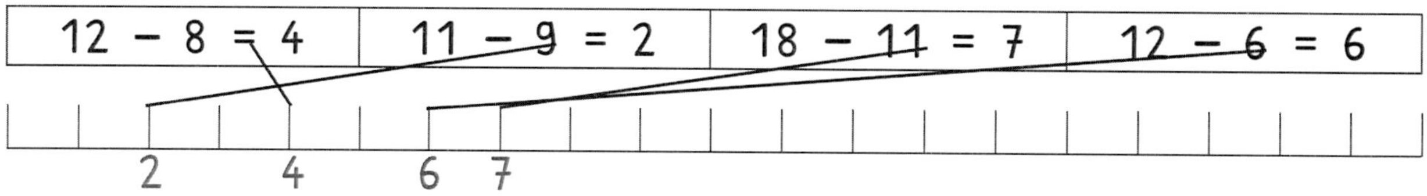

c)

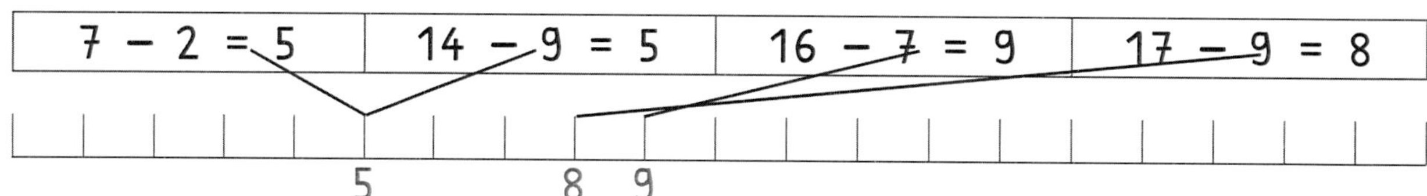

d)

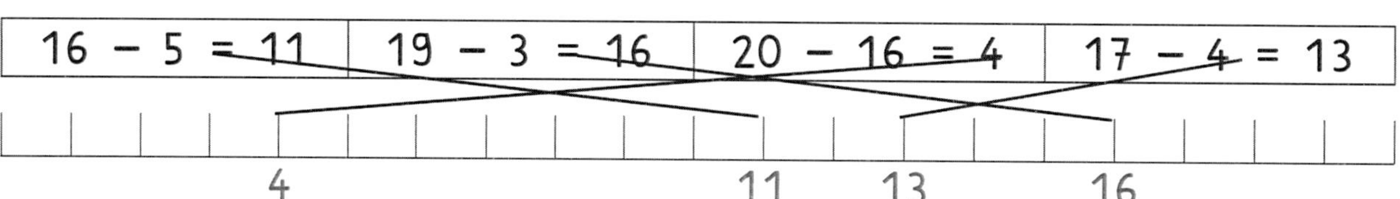

e)

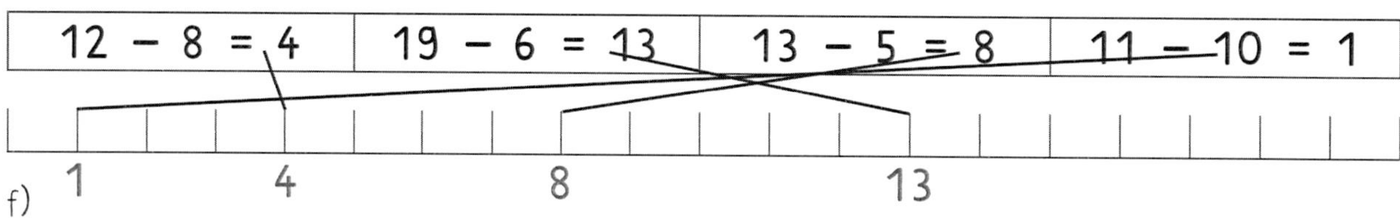

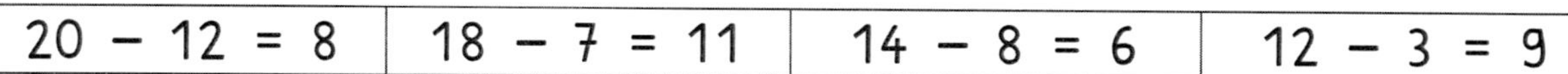

f)

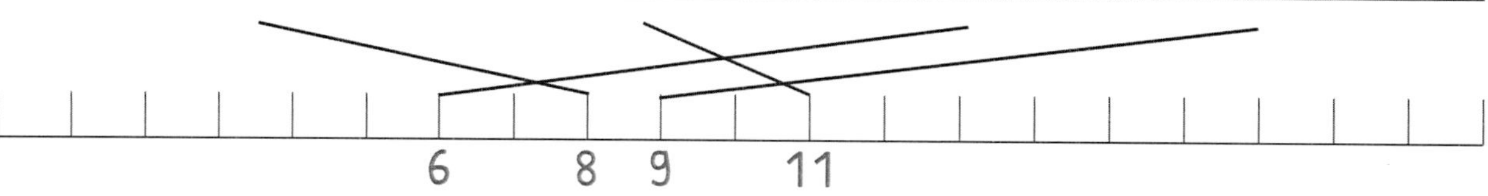

DER ZAHLENRAUM

Lösungen

Seite 19

Aufgabe 1:

13 − 7 = 6	12 − 6 = 6	8 + 12 = 20	6 − 5 = 1
14 − 8 = 6	6 + 7 = 13	5 + 9 = 14	12 − 9 = 3
13 + 7 = 20	6 + 8 = 14	11 − 7 = 4	4 + 9 = 13
20 − 8 = 12	2 + 13 = 15	15 − 4 = 11	16 + 4 = 20
19 − 9 = 10	8 + 9 = 17	13 + 6 = 19	17 − 11 = 6
18 − 8 = 10	11 + 8 = 19	14 − 9 = 5	1 + 17 = 18

Aufgabe 2:

4 + 4 = 8

17 − 8 = 9

Sie können 9 Bonbons verschenken.

Aufgabe 3:

2 + 3 = 5 Stücke

16 − 5 = 11 Stücke

Es bleiben 11 Stücke übrig.

Aufgabe 4:

3 € + 6 € = 9 €

20 € − 9 € = 11 €

Sie bekommen 11 € zurück.

Seite 20

Aufgabe 1:

a) 9 — 8 und 10 — 8 − 9 − 10
b) 18 — 17 und 19 — 17 − 18 − 19
c) 16 — 15 und 17 — 15 − 16 − 17
d) 15 — 14 und 16 — 14 − 15 − 16

Aufgabe 2: 8 + 6 = 14

Aufgabe 3: 13 − 9 = 4

Aufgabe 4: 11 − 2 = 9

Aufgabe 5: 17 + 3 = 20

Aufgabe 6: 18 − 14 = 4

Aufgabe 7: 6 + 13 = 19

KOHL VERLAG DER ZAHLENRAUM Sicher bewegen im Zahlenraum – Bestell-Nr. 12 865

Lösungen

Seite 21

Aufgabe 1:

a)

17	18	19
13	14	15
9	10	11
18	19	20
7	8	9
9	10	11
12	13	14
18	19	20
14	15	16
11	12	13

b)

11	12	13	14	15	16	17	18
3	4	5	6	7	8	9	10
2	3	4	5	6	7	8	9
3	4	5	6	7	8	9	10
9	10	11	12	13	14	15	16

c)

6	8	10	12	14	16	18	20
4	6	8	10	12	14	16	18
5	7	9	11	13	15	17	19
3	5	7	9	11	13	15	17
5	7	9	11	13	15	17	19

Seite 22

Aufgabe:

a) 4 • 2 = 8

X	X	X	X	X	X	X	X												

b) 8 • 2 = 16

X	X	X	X	X	X	X	X	X	X	X	X	X	X	X	X				

c) 2 • 2 = 4

X	X	X	X																

Lösungen

Seite 22

Aufgabe:

d) 6 • 2 = 12

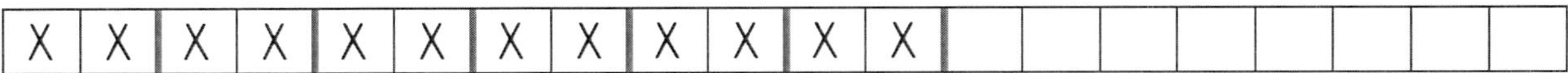

e) 9 • 2 = 18

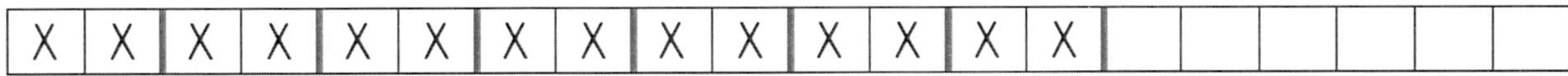

f) 7 • 2 = 14

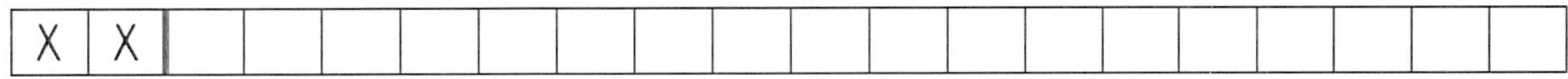

g) 1 • 2 = 2

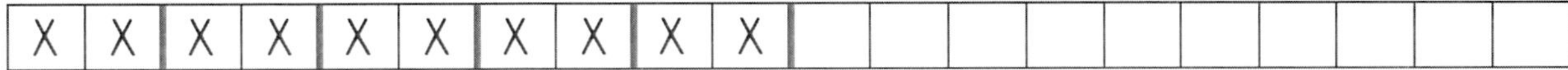

h) 5 • 2 = 10

Seite 23

Aufgabe 1:

a) 3 • 3 = 9 Kugeln Eis

b) 5 • 2 = 10 Tafeln Schokolade

c) 3 • 6 = 18 Pflanzen

d) 3 • 4 = 12 Bücher

KOHL VERLAG DER ZAHLENRAUM Sicher bewegen im Zahlenraum – Bestell-Nr. 12 865

Lösungen

Seite 24

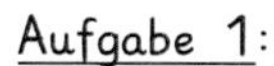

Aufgabe 1:

a) 8 : 2 = 4

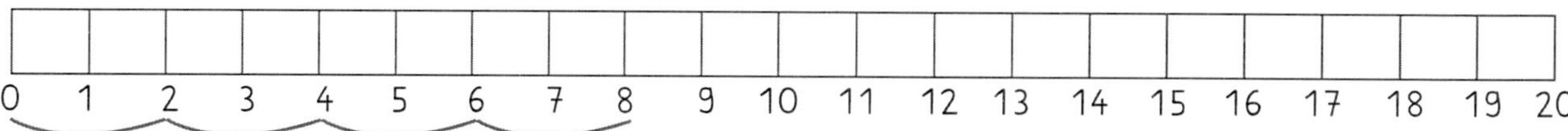

b) 16 : 4 = 4

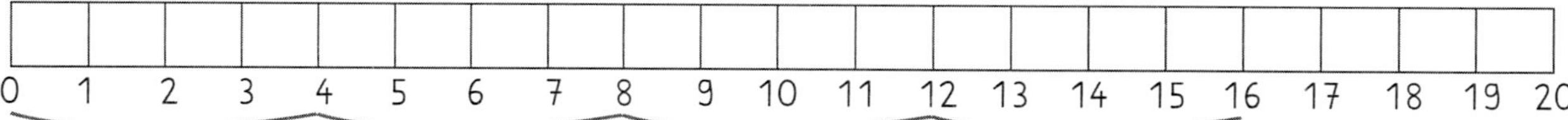

c) 18 : 9 = 2

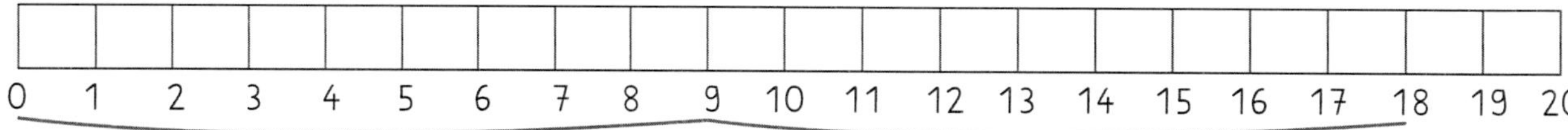

d) 12 : 4 = 3

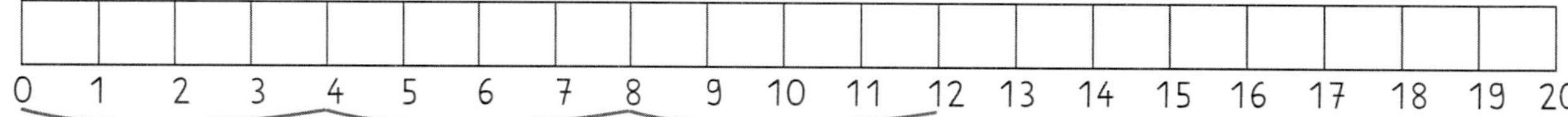

e) 20 : 5 = 4

0 1 2 3 4 5 6 7 8 9 10 11 12 13 14 15 16 17 18 19 20

Seite 25

Aufgabe 1:

a) 16 Äpfel : 4 = 4 Äpfel pro Enkelkind

0 1 2 3 4 5 6 7 8 9 10 11 12 13 14 15 16 17 18 19 20

b) 9 : 3 = 3 Enkelkinder

0 1 2 3 4 5 6 7 8 9 10 11 12 13 14 15 16 17 18 19 20

c) 20 Murmeln : 4 = 5 Murmeln

0 1 2 3 4 5 6 7 8 9 10 11 12 13 14 15 16 17 18 19 20

d) 9 hat in 19 2 mal Platz 2 x 9 = 18 19 – 18 = 1 Apfel bleibt übrig

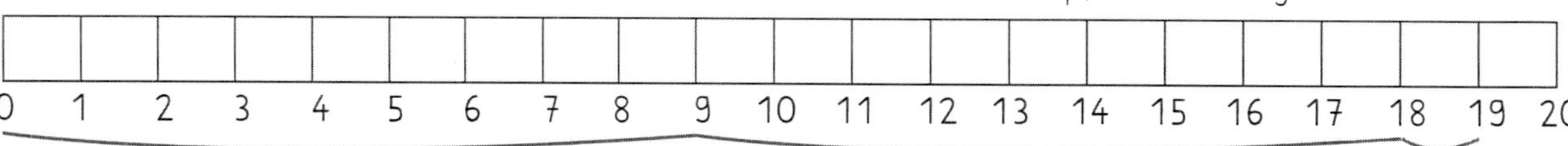

Lösungen

Seite 26

Aufgabe:

a) 18 − 9 = 9 Es fahren 9 Personen weiter.

b) 18 − 2 = 16 16 : 4 = 4
Sie kann noch 4 Tage lange je ein Päckchen zu 4 Gummibären naschen.

c) 7 + 8 + 3 = 18 Die Kinder haben gemeinsam 18 Aprikosen gegessen.

d) 7 • 2 = 14 Sieben Fahrräder haben 14 Reifen.

e) 3 + 7 + 4 = 14 20 − 14 = 6 €
Sandra erhält 6 € zurück, wenn Sie mit einem 20 €-Schein bezahlt.

Seite 27

Aufgabe 1:

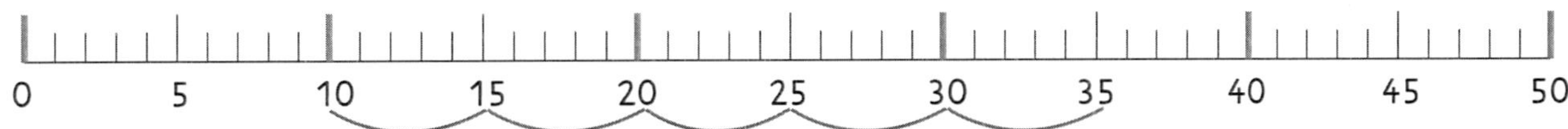

Aufgabe 2:

a) 17, 24, 33, 48

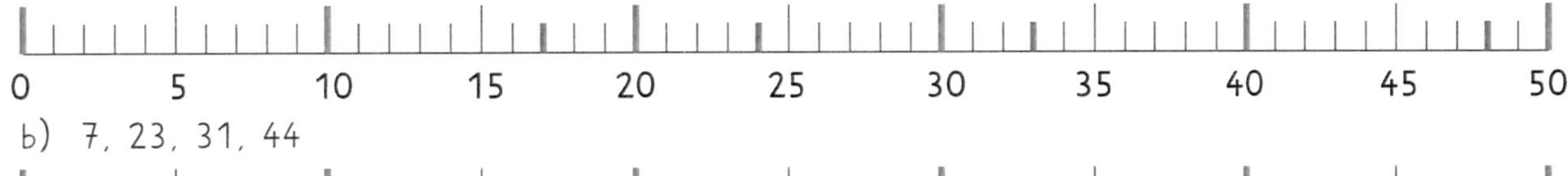

b) 7, 23, 31, 44

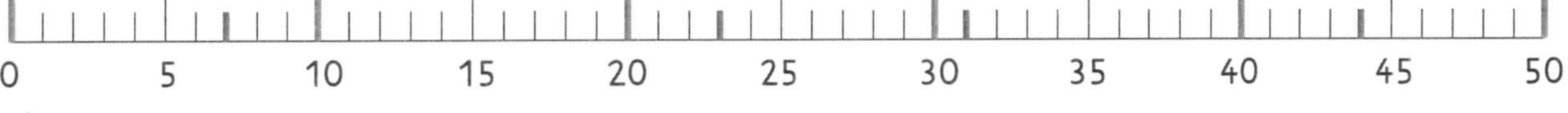

c) 12, 7, 19, 36

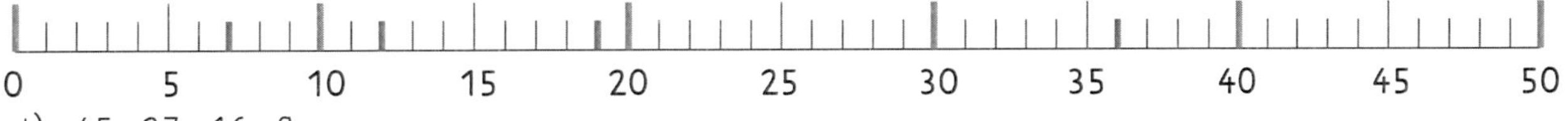

d) 45, 27, 16, 9

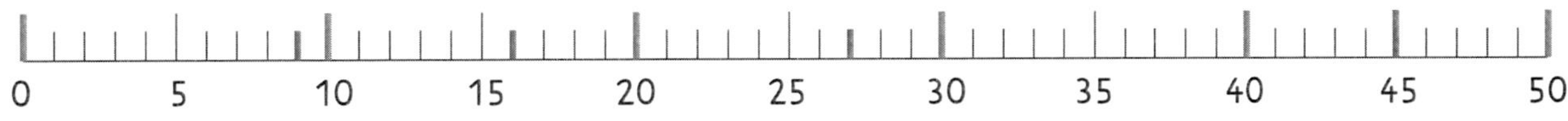

Aufgabe 3:

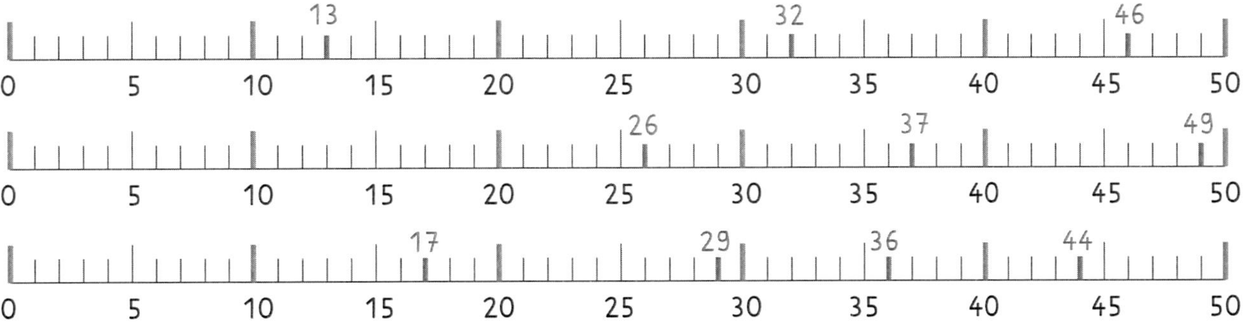

KOHL VERLAG DER ZAHLENRAUM Sicher bewegen im Zahlenraum – Bestell-Nr. 12 865

Lösungen

Seite 28

Aufgabe 1:

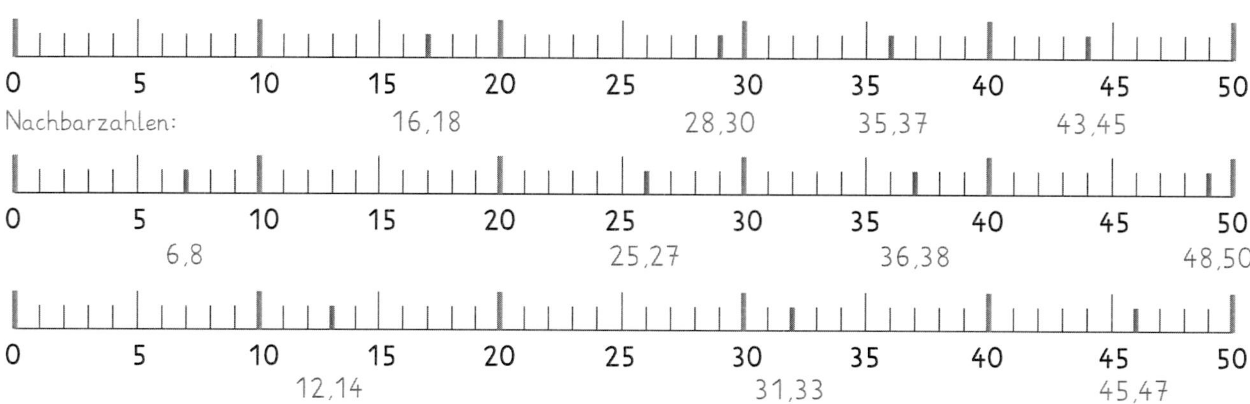

Aufgabe 2:

33	34	35
45	46	47
48	49	50
16	17	18
9	10	11
19	20	21
22	23	24
15	16	17

Seite 29

Aufgabe 2:

a) 17, 24, 45

b) 22, 46, 49

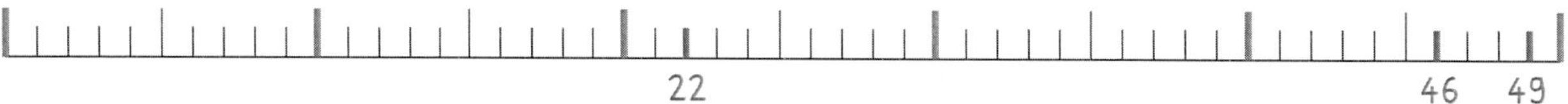

c) 13, 26, 39, 41

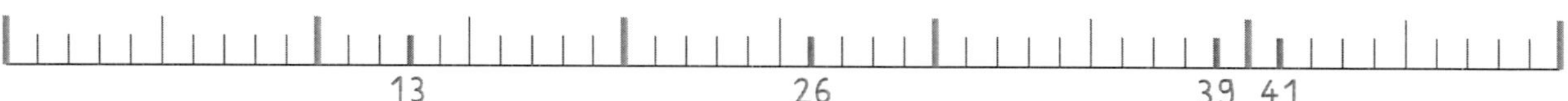

Aufgabe 3:

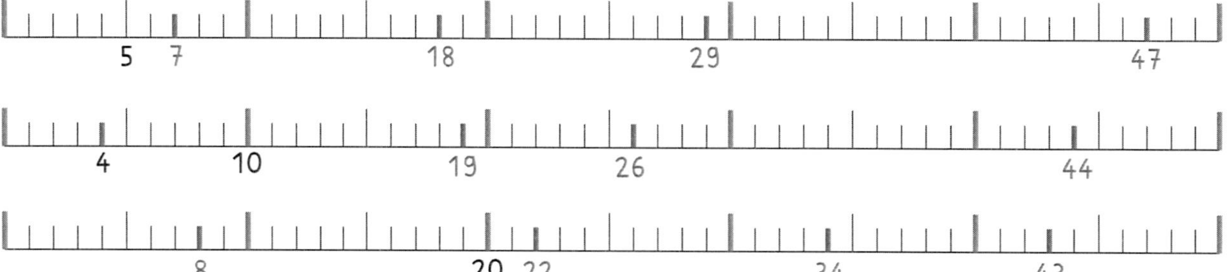

Lösungen

Seite 30

Aufgabe:

a) 23 + 9 = 32

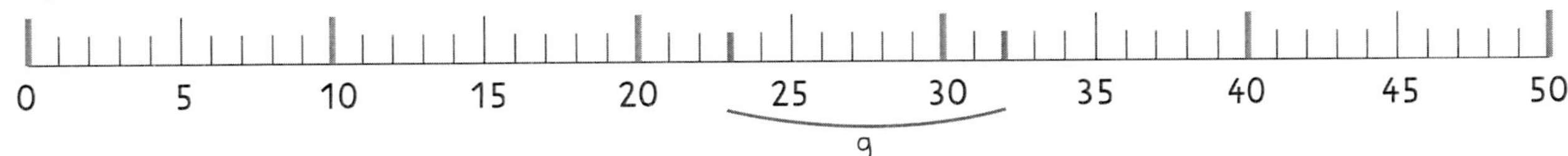

b) 35 + 7 = 42

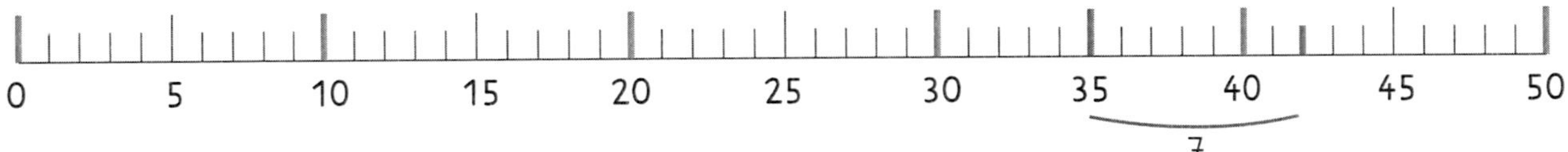

c) 27 + 4 = 31

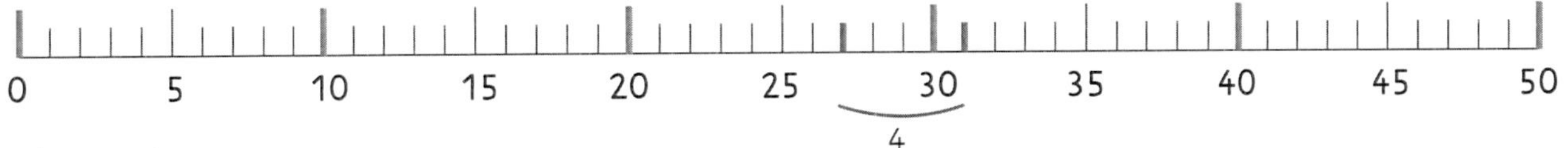

d) 39 + 6 = 45

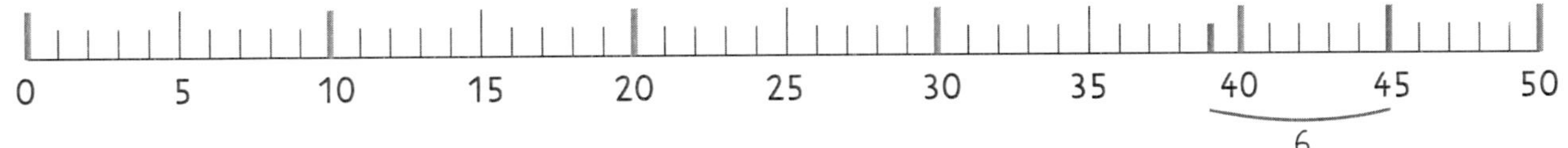

e) 38 + 8 = 46

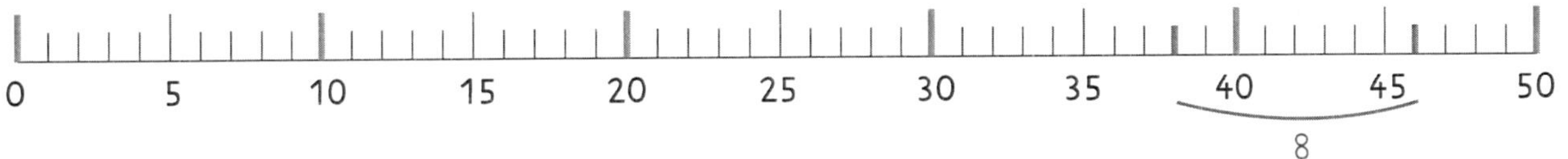

Seite 31

Aufgabe:

a) 27 + 7 = 34   27 + 3 + 4 = 34

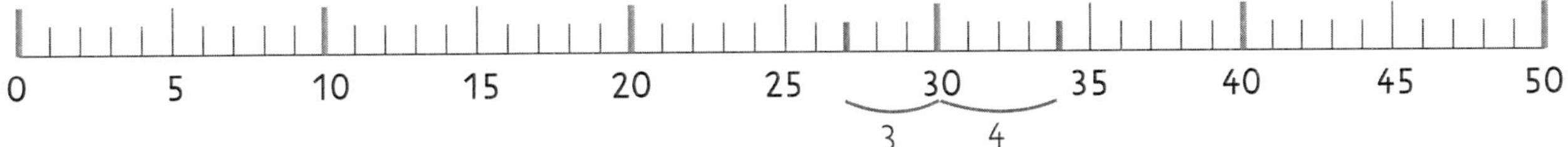

b) 33 + 9 = 42   33 + 7 + 2 = 42

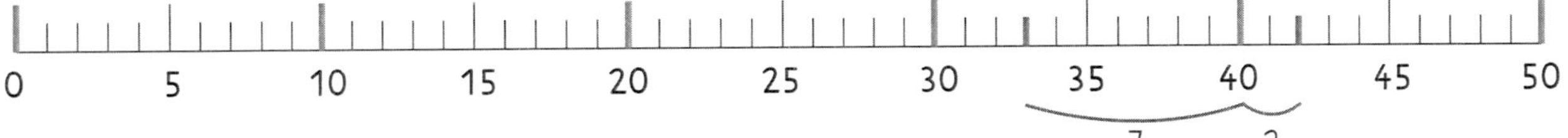

c) 15 + 6 = 21   15 + 5 + 1 = 21

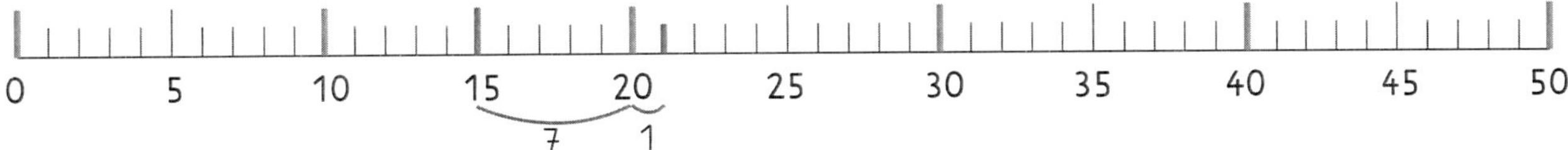

d) 29 + 4 = 33   29 + 1 + 3 = 33

0 5 10 15 20 25 30 35 40 45 50

1 3

DER ZAHLENRAUM
Sicher bewegen im Zahlenraum – Bestell-Nr. 12 865
KOHL VERLAG

Lösungen

Seite 32

Aufgabe:

1. Fall

23 + 16 = 39 20 + 10 = 30 + 3 + 6 = 39

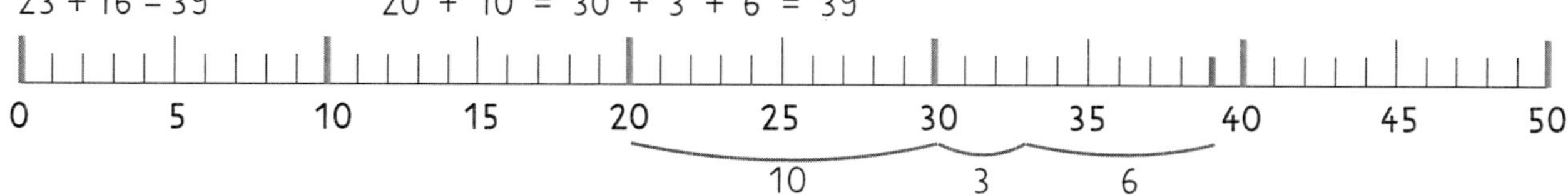

2. Fall

17 + 27 = 44 17 + 20 = 37 + 7 = 44

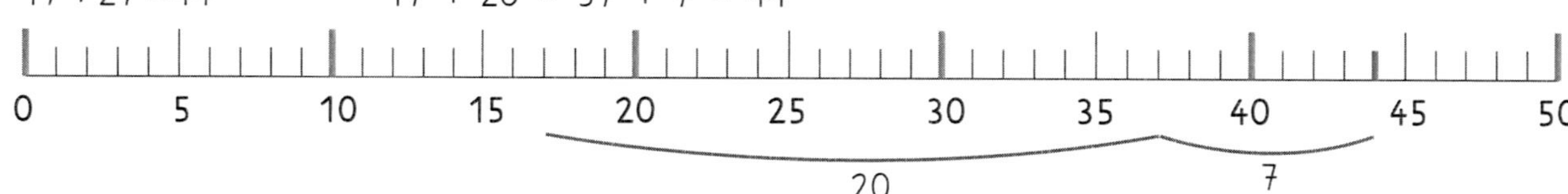

Seite 33

Aufgabe:

a) 22 + 13 = 35 Fall 1 22 + 10 + 3 = 35

b) 24 + 18 = 42 Fall 2 24 + 10 + 8 = 42

c) 34 + 11 = 45 Fall 1 34 + 10 + 1 = 45

d) 16 + 23 = 39 Fall 1 10 + 20 = 30 + 6 + 3 = 39

e) 29 + 15 = 44 Fall 2 29 + 10 + 5 = 44

f) 33 + 11 = 44 Fall 1 30 + 10 = 40 + 3 + 1 = 44

g) 21 + 27 = 48 Fall 2 21 + 20 + 7 = 48

Seite 34

Aufgabe:

a) 24 € + 13 € = 37 € Fall 1 20 € + 10 € + 4 € + 3 € = 37 €
Lukas hat insgesamt 37 € erhalten.

b) 15 + 17 = 32 Fall 2 15 + 10 + 7 = 32
In der 2 A sind 32 Kinder.

c) 23 + 19 = 42 Fall 2 23 + 10 + 9 = 42
Es sind 42 Autos vorbeigefahren.

d) 16 € + 23 € = 39 € Fall 1 10 € + 20 € + 6 € + 3 € = 39 €
Marion muss 39 € bezahlen.

Lösungen

Seite 35

Aufgaben:

Fall 1: 45 − 8 = 37 45 − 8 = 37

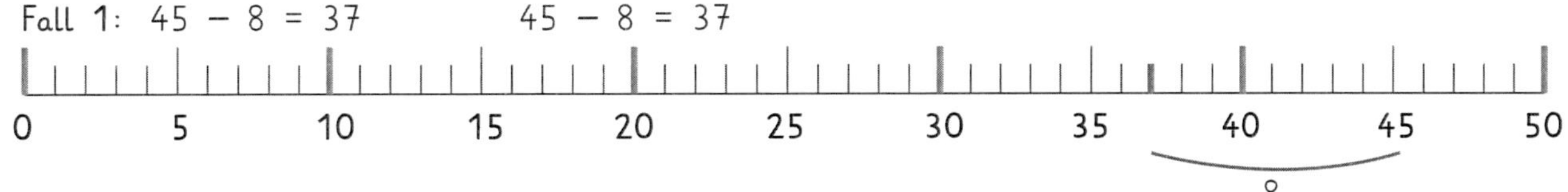

Fall 2: 46 − 23 = 23 46 − 20 − 3 = 23

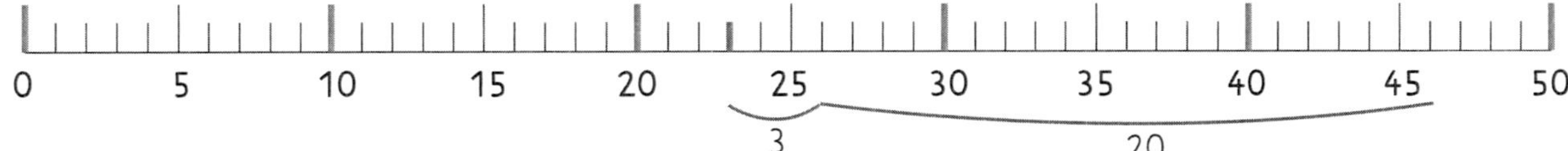

Fall 3: 41 − 25 = 16 41 − 20 − 5 = 16

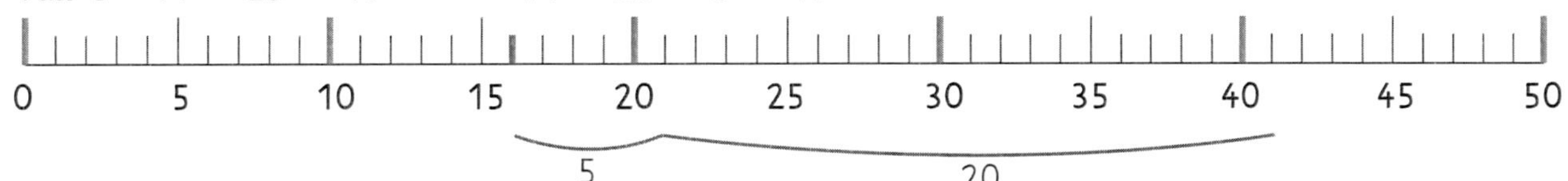

Seite 36

Aufgaben:

a) 33 − 12 = 21 33 − 10 − 2 = 21 Fall 2

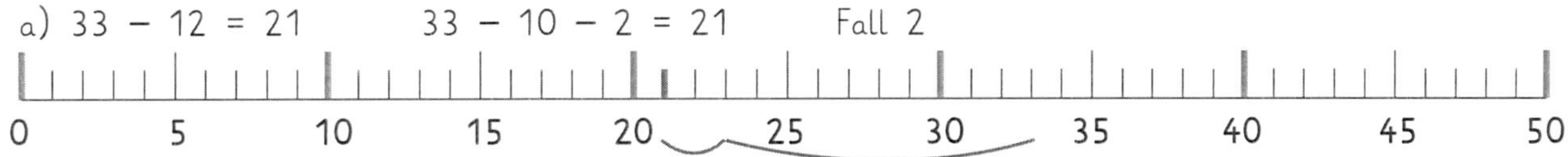

b) 25 − 7 = 18 Fall 1

c) 28 − 17 = 11 28 − 10 − 7 = 11 Fall 2

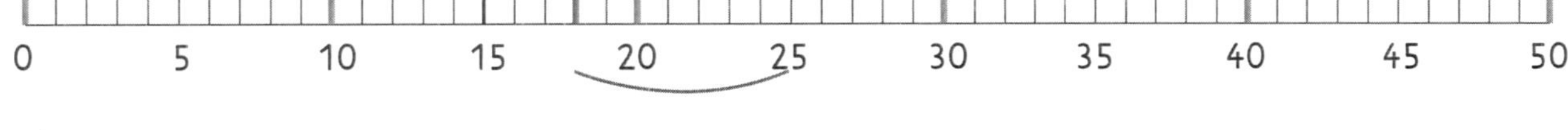

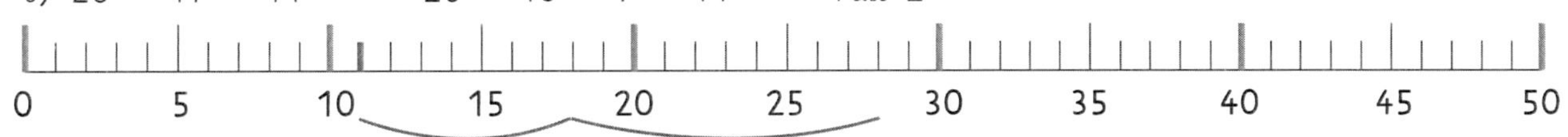

d) 45 − 27 = 18 45 − 20 − 7 = 18 Fall 3

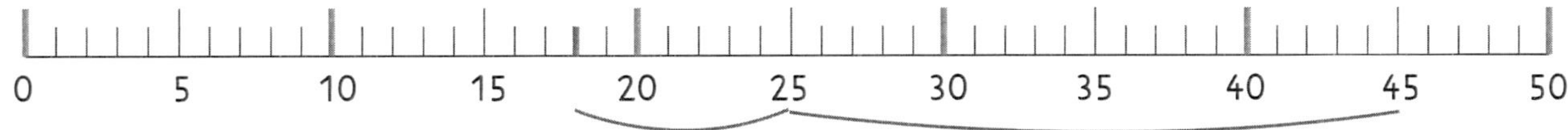

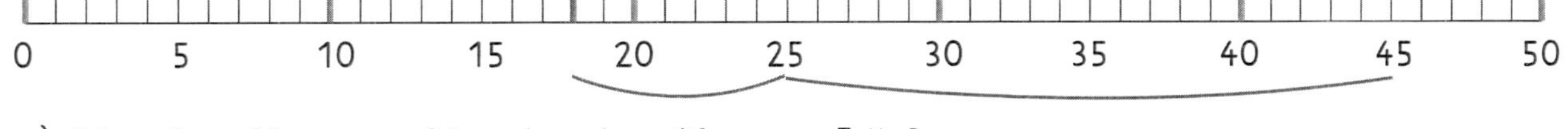

e) 24 − 8 = 16 24 − 4 − 4 = 16 Fall 3

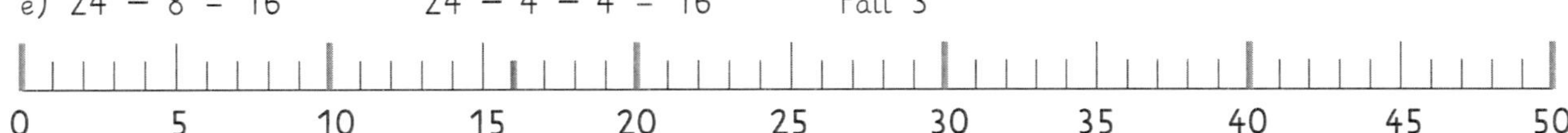

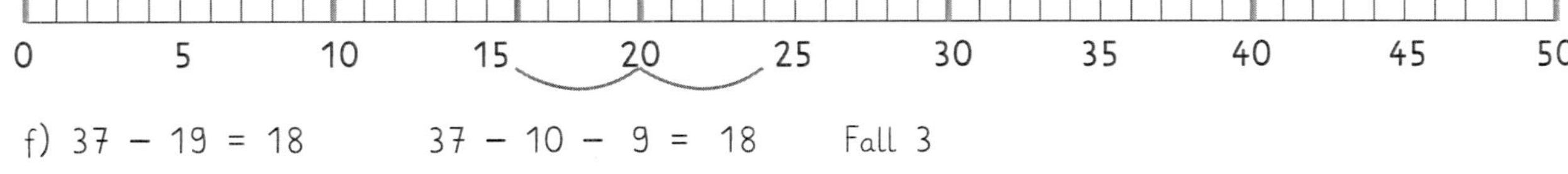

f) 37 − 19 = 18 37 − 10 − 9 = 18 Fall 3

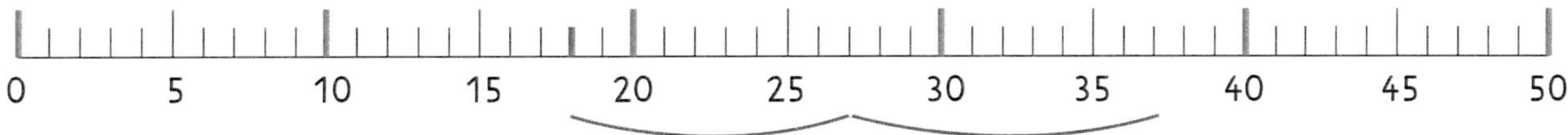

KOHL VERLAG DER ZAHLENRAUM Sicher bewegen im Zahlenraum – Bestell-Nr. 12 865

Lösungen

Seite 37

Aufgaben:

a) 8 • 4 = 32

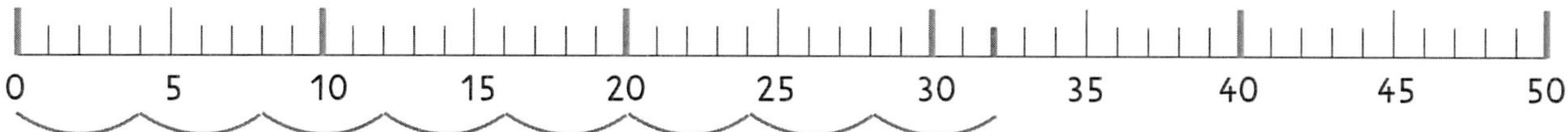

b) 6 • 7 = 42

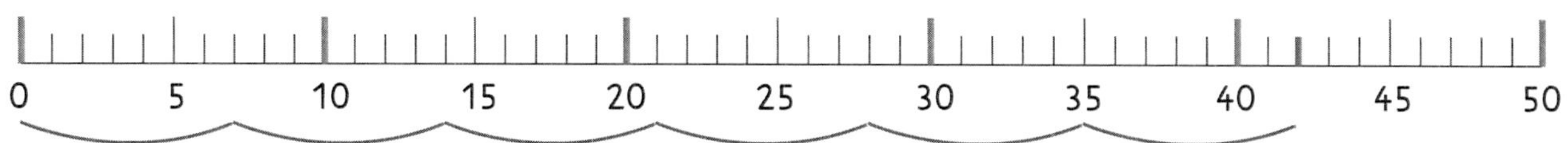

c) 4 • 6 = 24

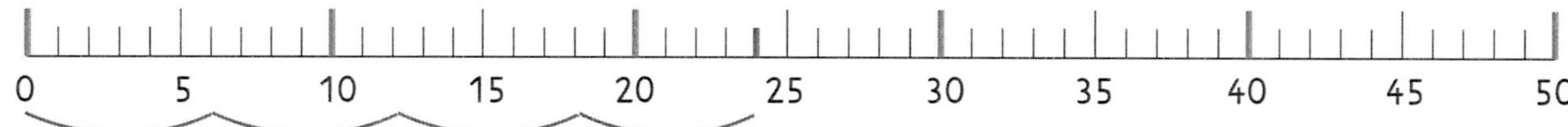

d) 9 • 3 = 27

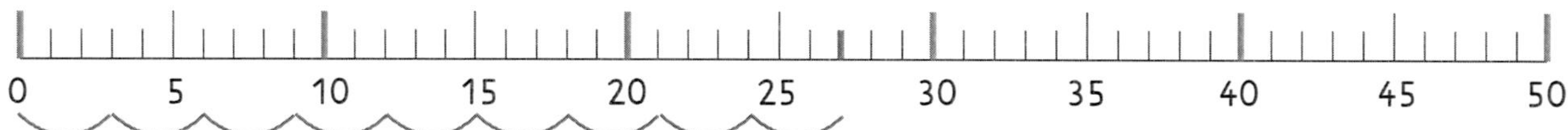

e) 5 • 9 = 45

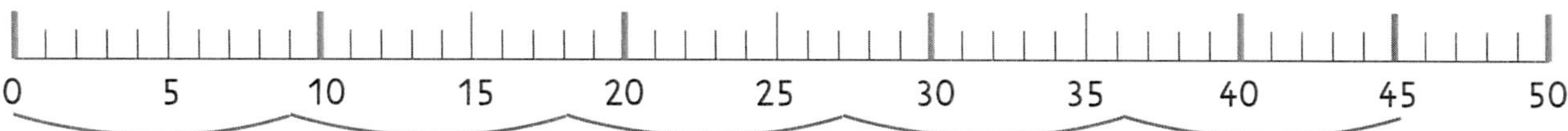

f) 6 • 6 = 36

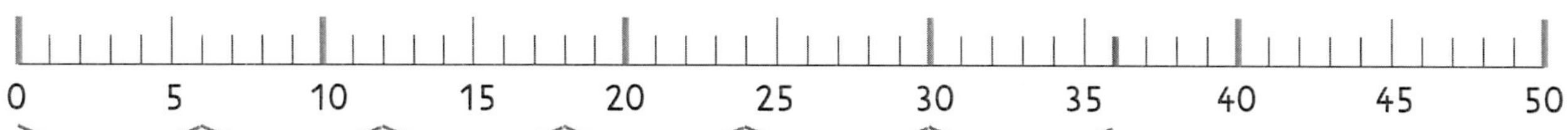

Seite 38

Aufgaben:

a) 30 : 6 = 5

b) 48 : 8 = 6

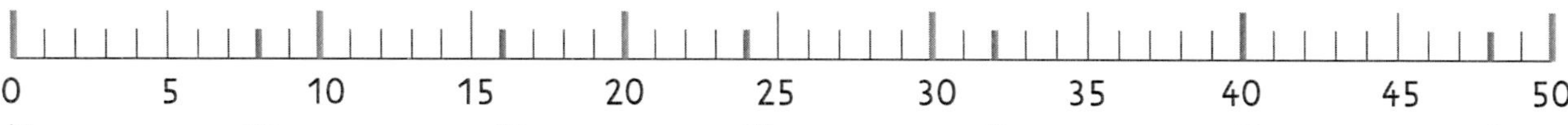

c) 21 : 7 = 3

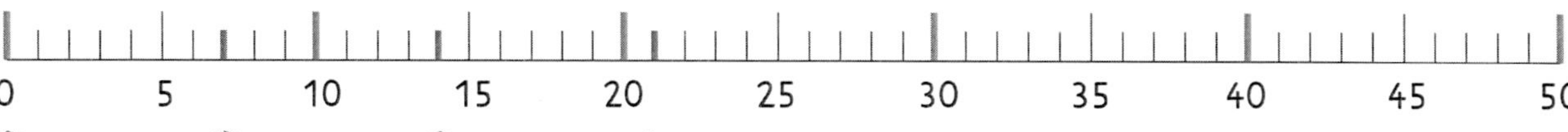

Lösungen

Seite 38

<u>Aufgaben</u>:

d) 32 : 4 = 8

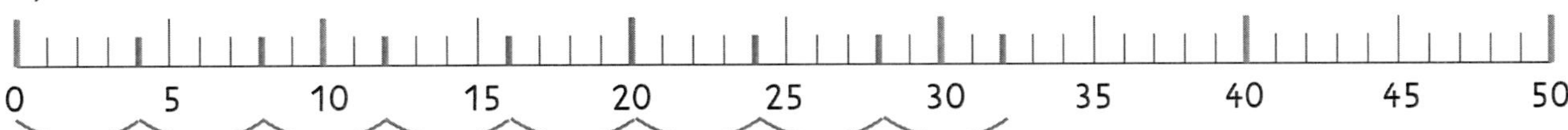

e) 25 : 5 = 5

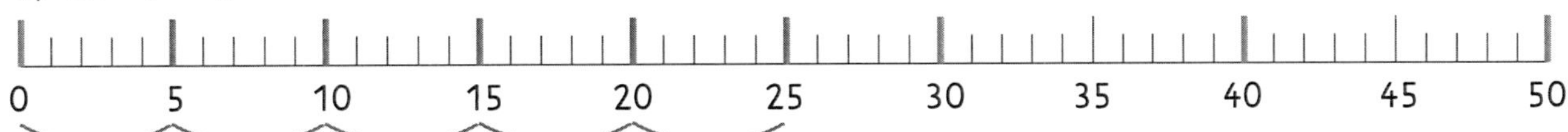

f) 28 : 7 = 4

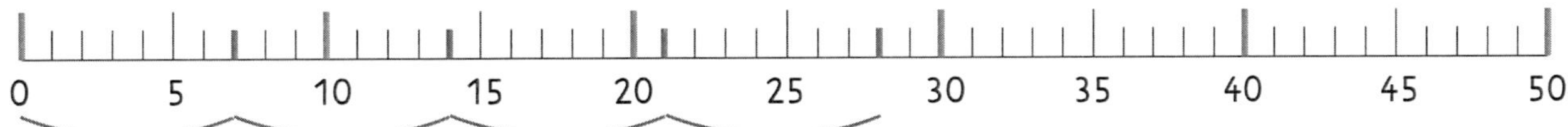

g) 40 : 4 = 10

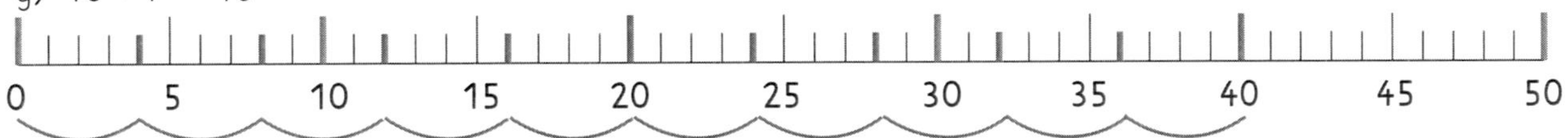

Seite 39

<u>Aufgaben</u>:

a)

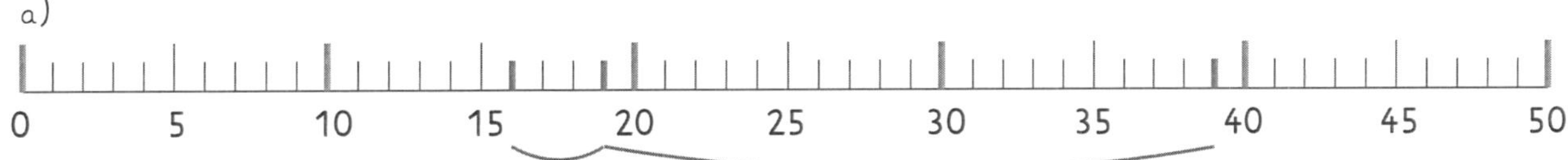

39 – 23 = 16 39 - 20 = 19 - 3 = 16

Susa muss noch 16 Bilderrahmen basteln.

b)

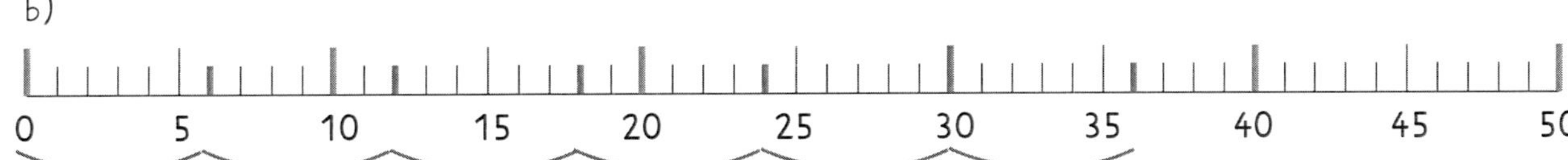

22 + 14 = 36 Gläser 36 : 6 = 6 Boxen

Sarah benötigt 6 Boxen.

c)

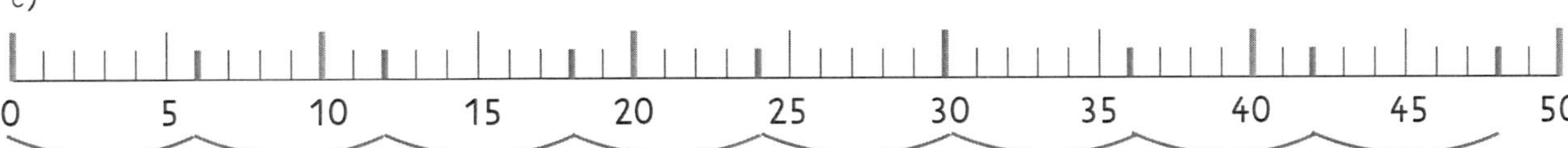

8 Stofftiere • 6 = 48 Stofftiere

Lukas hat 48 Stofftiere.

d)

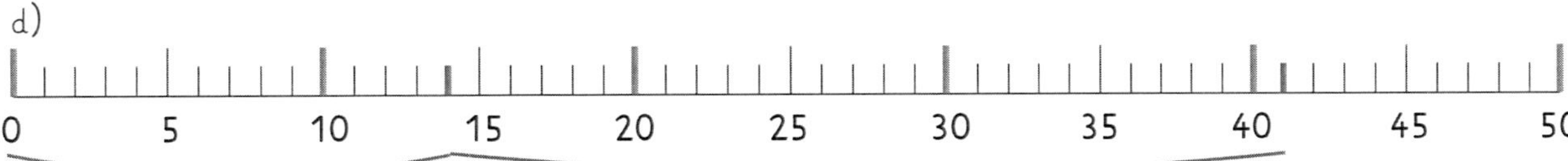

14 + 27 = 41 Kinder Im Sportclub sind 41 Kinder angemeldet.

DER ZAHLENRAUM Sicher bewegen im Zahlenraum – Bestell-Nr. 12 865
KOHL VERLAG

Lösungen

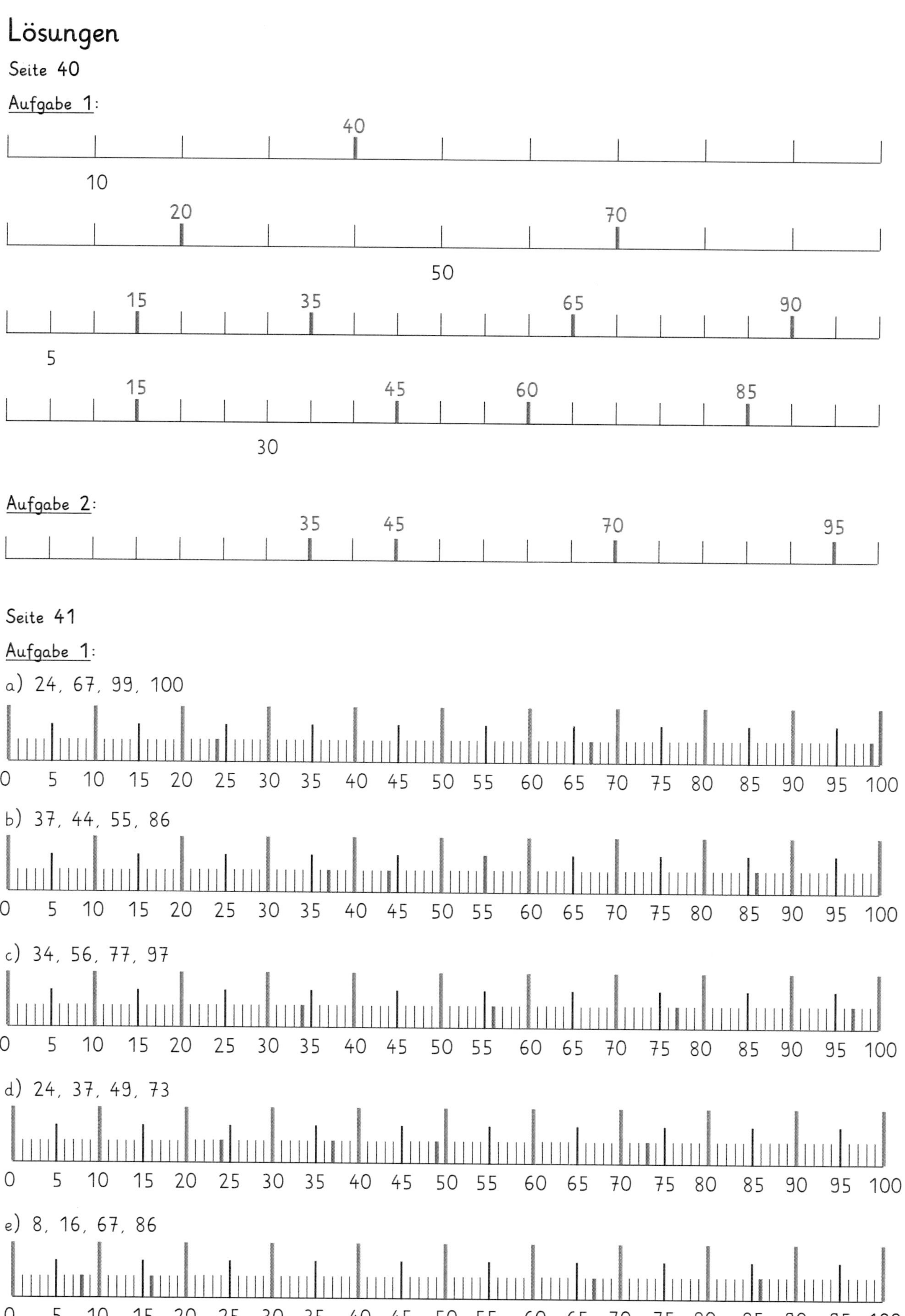

Seite 40
Aufgabe 1:
40
10
20
70
50
15
35
65
90
5
15
45
60
85
30
Aufgabe 2:
35
45
70
95
Seite 41
Aufgabe 1:
a) 24, 67, 99, 100
0 5 10 15 20 25 30 35 40 45 50 55 60 65 70 75 80 85 90 95 100
b) 37, 44, 55, 86
0 5 10 15 20 25 30 35 40 45 50 55 60 65 70 75 80 85 90 95 100
c) 34, 56, 77, 97
0 5 10 15 20 25 30 35 40 45 50 55 60 65 70 75 80 85 90 95 100
d) 24, 37, 49, 73
0 5 10 15 20 25 30 35 40 45 50 55 60 65 70 75 80 85 90 95 100
e) 8, 16, 67, 86
0 5 10 15 20 25 30 35 40 45 50 55 60 65 70 75 80 85 90 95 100

Lösungen

Seite 42

Aufgabe 1:

64	65	66
46	47	48
91	92	93
98	99	100
88	89	90
80	81	82
47	48	49
98	99	100

Aufgabe 2:

a) 34 und 77 ... von 34 bis 77 beträgt der Abstand 43, da ... 77 − 34 = 43

b) 56 und 89 ... von 56 bis 89 beträgt der Abstand 33, da ... 89 − 56 = 33

c) 27 und 67 ... von 27 bis 67 beträgt der Abstand 40, da ... 67 − 27 = 40

d) 89 und 100 ... von 89 bis 100 beträgt der Abstand 11, da ... 100 − 89 = 11

e) 45 und 59 ... von 45 bis 59 beträgt der Abstand 14, da ... 59 − 45 = 14

f) 48 und 93 ... von 48 bis 93 beträgt der Abstand 45, da ... 93 − 48 = 45

Seite 43

Aufgabe:

a) Die Zahl lautet: 67 — 44 + 23 = 67 (weil: 67 − 23 = 44)

b) Die Zahl lautet: 22 — 99 − 77 = 22 (weil: 22 + 77 = 99)

c) Die Zahl lautet: 64 — 8 • 8 = 64 (weil 64 : 8 = 8)

d) Die Zahl lautet: 8 — 7 • 8 = 56 (weil 56 : 7 = 8)

e) 34 € + 35 € = 69 € da 69 € − 34 € = 35 € — Anton muss noch 35 € sparen.

f) 4 • 11 € = 44 € für die Tickets — 2 • 4 € = 8 € für Popcorn

44 € + 8 € = 52 € insgesamt — Familie Huber muss insgesamt 52 € bezahlen.

g) 37 + 63 = 100 Gebäckstücke — Das sind insgesamt 100 Gebäckstücke.

h) 49 + 37 = 86 Plätzchen — Mama und Karla haben insgesamt 86 Plätzchen ausgestochen.

KOHL VERLAG Lernen mit Erfolg — DER ZAHLENRAUM Sicher bewegen im Zahlenraum – Bestell-Nr. 12 865

Lösungen

Seite 44

Aufgabe 1:

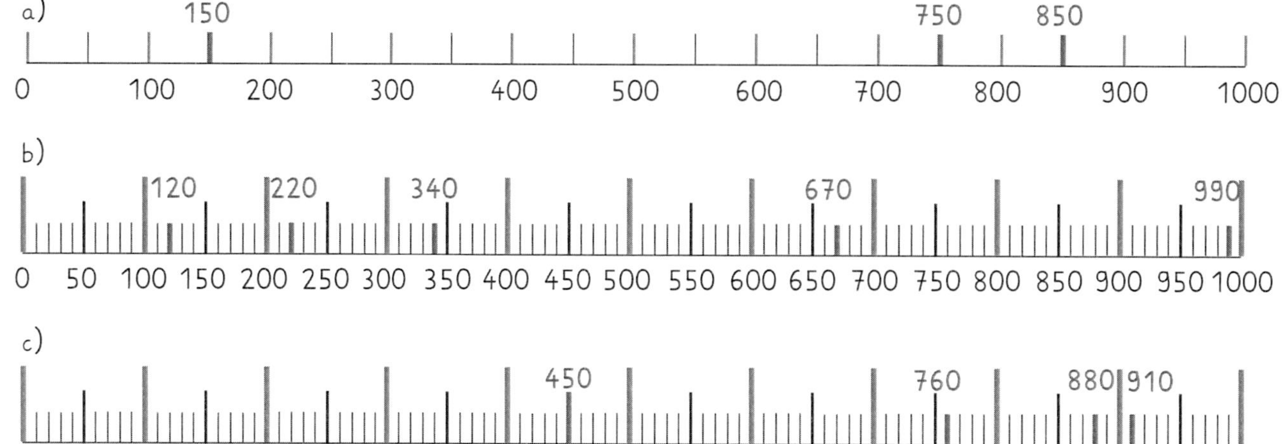

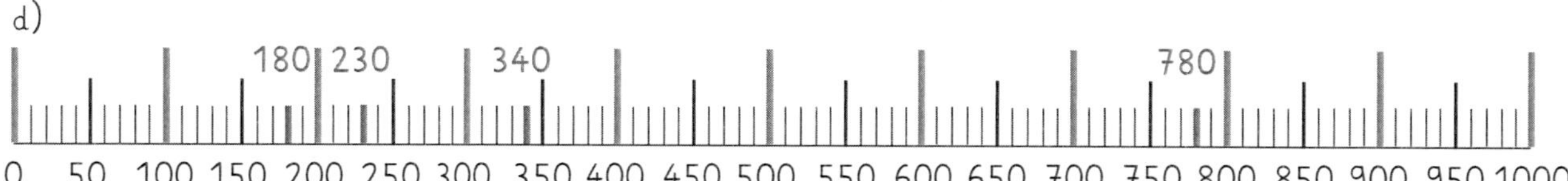

Aufgabe 2:

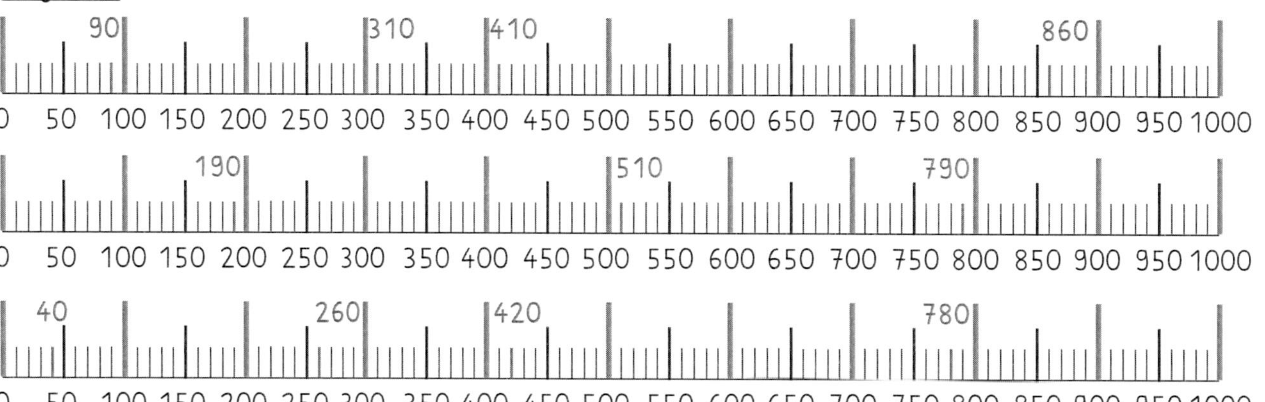

Seite 45

Aufgabe 1:

240	250	260
460	470	480
910	920	930
340	350	360
90	100	110
630	640	650
470	480	490
980	990	1000

Aufgabe 2:

a) 720 − 240 = 380
b) 880 − 390 = 490
c) 670 − 330 = 340
d) 770 − 560 = 210
e) 630 − 450 = 180
f) 500 − 120 = 380

Aufgabe 3:

330 : 30 = 11 300 : 30 = 10 30 : 30 = 1

1 2 3 4 5 6 7 8 9 0

Lösungen

Seite 46

Aufgabe 1:

a) 170, 290, 360

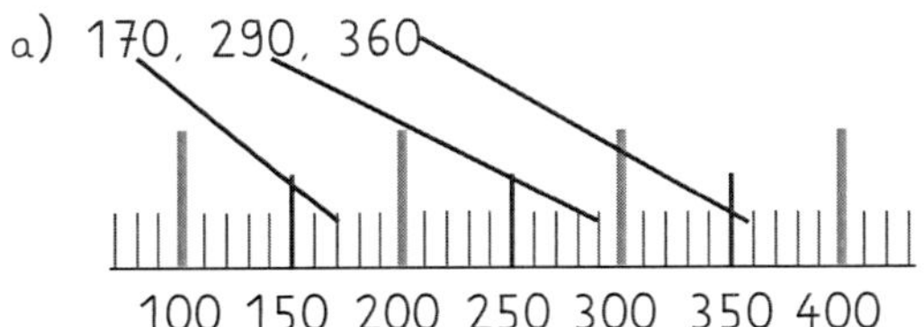

b) 310, 440, 560

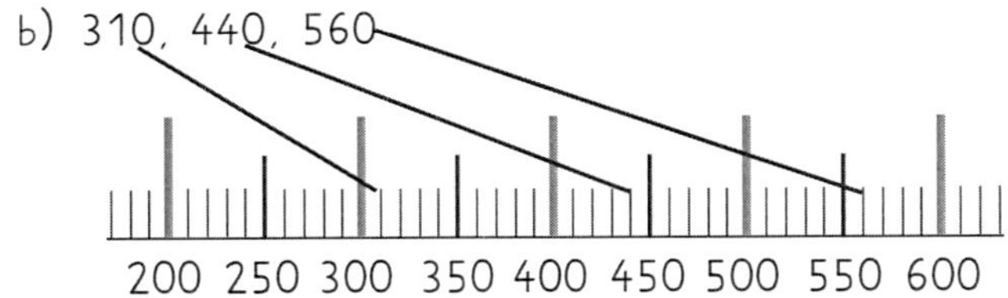

c) 390, 490, 620

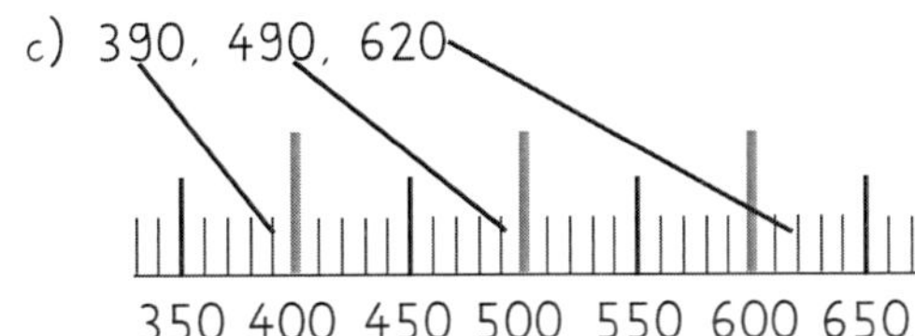

Aufgabe 2:

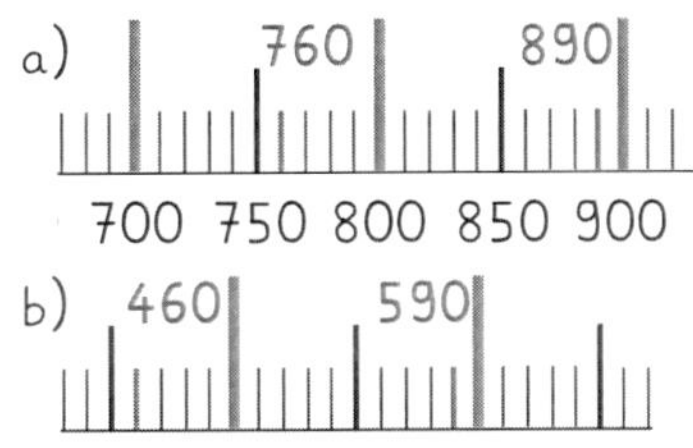

Seite 47/48

Aufgabe 1:

a) Rechnung: 85 € + 75 € = 160 € 160 € – 130 € = 30 €
Antwort: Nein, es fehlen ihr noch 30 €.

b) Rechnung: 25 € • 6 = 150 € 168 € – 150 € = 18 €
Antwort: Nein, es fehlen ihr noch 18 €.

c) Rechnung: 650 Bälle : 2 = 325 Bälle
Antwort: Es befinden sich 325 blaue Bälle im Bällebad.

d) Rechnung: 120 € + 375 € + 65 € = 560 € 500 € + ______ = 560 €
560 € – 500 € = 60 € Antwort: Papa muss noch 60 € am Automaten abheben.

e) Rechnung: 350 + 270 = 620 890 – 620 = 270
Antwort: Es müssen 270 Kinder aus dem Nachbarort mit dem Bus in die Schule fahren.

f) Rechnung: 230 l + 120 l + 60 l + 15 l + 165 l = 590 l 1000 l – 590 l = 410 l
Antwort: Nein, er hat nicht recht. Es sind 590 Liter. Das sind 410 Liter weniger als 1000 Liter.

DER ZAHLENRAUM Sicher bewegen im Zahlenraum – Bestell-Nr. 12 865
KOHL VERLAG

1 2 3 4 5 6 7 8 9 0

ANLEITUNG für den Zahlenstreifen zum Selberbeschriften und für den Zahlenstrahl von 1 bis 100

Nimm einen schwarzen Stift und beschrifte die Kästchen der Reihe nach von 1 bis 100. Schreibe die 10er Zahlen (10, 20, 30 ...) und die 100 in Rot.

Klebe die Teile an den dafür vorgesehenen Stellen aneinander. So erhältst du ein 100er Zahlenband.

Du benötigst auch bunte Büroklammern, mit denen du die einzelnen Zahlen bei den Rechenaufgaben – wie bei den Übungen erklärt – auf dem Streifen kennzeichnen kannst.

Eine andere Möglichkeit ist: Befestige den Zahlenstreifen (oder Teile davon) auf einem magnetischen Untergrund, z. B. einer Magnettafel. Dann kannst du die Zahlen mit kleinen Magneten abdecken.

Auf den nächsten beiden Seiten findest du einen Zahlenstrahl zum Zusammenkleben. Verwende ihn zum Lösen der Aufgaben, in diesem Heft.

Kleben										
Kleben										
Kleben										
Kleben										
Kleben										
Kleben										
Kleben										
Kleben										
Kleben										

1 2 3 4 5 6 7 8 9 0

Zahlenstreifen 1 bis 100

10

0

20

Kleben

30

Kleben

40

Kleben

50

Kleben

KOHL VERLAG Lernen mit Erfolg
DER ZAHLENRAUM Sicher bewegen im Zahlenraum – Bestell-Nr. 12 865

1 2 3 4 5 6 7 8 9 0

Zahlenstreifen 1 bis 100

60	70	80	90	100
Kleben	Kleben	Kleben	Kleben	Kleben